中华人民共和国行业推荐性标准

公路斜拉桥设计规范

Specifications for Design of Highway Cable-stayed Bridge

JTG/T 3365-01—2020

主编单位：招商局重庆交通科研设计院有限公司
批准部门：中华人民共和国交通运输部
实施日期：2020 年 08 月 01 日

人民交通出版社股份有限公司
北　京

律师声明

本书所有文字、数据、图像、版式设计、插图等均受中华人民共和国宪法和著作权法保护。未经人民交通出版社股份有限公司同意，任何单位、组织、个人不得以任何方式对本作品进行全部或局部的复制、转载、出版或变相出版。

任何侵犯本书权益的行为，人民交通出版社股份有限公司将依法追究其法律责任。

有奖举报电话：(010) 85285150

北京市星河律师事务所
2017 年 10 月 31 日

图书在版编目（CIP）数据

公路斜拉桥设计规范：JTG/T 3365-01—2020 / 招商局重庆交通科研设计院有限公司主编. — 北京：人民交通出版社股份有限公司，2020.4

ISBN 978-7-114-16365-4

Ⅰ. ①公… Ⅱ. ①招… Ⅲ. ①公路桥—斜拉桥—设计规范—中国 Ⅳ. ①U448.14-65

中国版本图书馆 CIP 数据核字（2020）第 034815 号

标准类型：	中华人民共和国行业推荐性标准
标准名称：	**公路斜拉桥设计规范**
标准编号：	JTG/T 3365-01—2020
主编单位：	招商局重庆交通科研设计院有限公司
责任编辑：	丁　遥　周佳楠
责任校对：	孙国靖　魏佳宁
责任印制：	刘高彤
出版发行：	人民交通出版社股份有限公司
地　　址：	（100011）北京市朝阳区安定门外外馆斜街 3 号
网　　址：	http://www.ccpress.com.cn
销售电话：	(010) 59757973
总 经 销：	人民交通出版社股份有限公司发行部
经　　销：	各地新华书店
印　　刷：	北京市密东印刷有限公司
开　　本：	880×1230　1/16
印　　张：	5
字　　数：	97 千
版　　次：	2020 年 5 月　第 1 版
印　　次：	2020 年 5 月　第 1 次印刷
书　　号：	ISBN 978-7-114-16365-4
定　　价：	50.00 元

（有印刷、装订质量问题的图书，由本公司负责调换）

中华人民共和国交通运输部

公 告

第 23 号

交通运输部关于发布
《公路斜拉桥设计规范》的公告

现发布《公路斜拉桥设计规范》(JTG/T 3365-01—2020),作为公路工程行业推荐性标准,自 2020 年 8 月 1 日起施行,原《公路斜拉桥设计细则》(JTG/T D65-01—2007) 同时废止。

《公路斜拉桥设计规范》(JTG/T 3365-01—2020) 的管理权和解释权归交通运输部,日常管理和解释工作由主编单位招商局重庆交通科研设计院有限公司负责。

请各有关单位注意在实践中总结经验,及时将发现的问题和修改建议函告招商局重庆交通科研设计院有限公司(地址:重庆市南岸区学府大道 33 号,邮政编码:400067),以便修订时研用。

特此公告。

中华人民共和国交通运输部
2020 年 4 月 26 日

交通运输部办公厅　　　　　　　　　　　　　　　2020 年 4 月 27 日印发

前 言

根据交通运输部办公厅《关于下达 2014 年度公路工程行业标准制修订项目计划的通知》（厅公路字〔2014〕87 号）要求，由招商局重庆交通科研设计院有限公司作为主编单位主持《公路斜拉桥设计细则》（JTG/T D65-01—2007）（以下简称"原细则"）的修订工作。

本规范是对原细则的全面修订。经批准颁发后以《公路斜拉桥设计规范》（JTG/T 3365-01—2020）颁布实施。

在修订过程中，规范修订组进行了大量的专题研究工作，吸取了国内其他单位的研究成果和实际工程设计经验；参考、借鉴了国际先进的标准规范；与国内相关规范进行了比较和协调。在规范条文初稿编写完成以后，通过多种方式广泛征求了设计、施工、建设、管理等有关单位和个人的意见，并经过反复讨论、修改，最终定稿。

本规范共分为 9 章，包括：1 总则，2 术语和符号，3 材料，4 作用，5 总体设计，6 构造设计，7 结构分析计算，8 设计对施工监控的要求，9 养护条件设计。

本次修订的主要内容包括：调整了原细则的章节顺序，并修改了部分章节的标题；扩大了本规范适用跨径范围；设计方法修改为统一采用以概率理论为基础的极限状态设计方法；增加了斜拉桥主体结构和可更换部件的设计使用年限、主梁检修道人群荷载、钢桁梁构造、混凝土索塔鞍座式锚固构造、塔梁临时固结措施、换索作业工况、养护检修设施耐久性等的相关规定；调整了地震作用、部分斜拉桥斜拉索安全系数、斜拉索疲劳计算、施工阶段静力分析、施工过程控制精度等的规定。

请各有关单位在执行过程中，将发现的问题和意见，函告本规范日常管理组，联系人：耿波（地址：重庆市南岸区学府大道 33 号，招商局重庆交通科研设计院有限公司，邮编：400067，电话：023-62653100，传真：023-62653511，电子邮箱：gengbo@cmhk.com），以便修订时研用。

主 编 单 位：招商局重庆交通科研设计院有限公司
参 编 单 位：中交第一公路勘察设计研究院有限公司
　　　　　　中交公路规划设计院有限公司
　　　　　　同济大学
　　　　　　保利长大公路工程有限公司
　　　　　　中交第二公路勘察设计研究院有限公司

主　　　　编：	王福敏
主要参编人员：	耿　波　　冯云成　　王仁贵　　李　军　　石雪飞　　钟建锋
	王丰华　　宋松林　　冯　苠　　汪　宏　　彭元诚　　阮　欣
主　　　　审：	袁　洪
参与审查人员：	刘孝辉　　秦大航　　詹建辉　　沈永林　　梁立农　　韩大章
	刘海青　　史方华　　罗吉智　　鲍卫刚　　庄卫林　　陈　阵
	向中富　　钟明全　　徐宏光　　张建东　　杨　斌　　谢　旭
	徐　伟　　周志祥　　吉　林　　李德坤　　朱东生
参加人员：	魏思斯　　李会驰

目　次

1 总则 ………………………………………………………………… 1
2 术语和符号 ………………………………………………………… 3
　2.1 术语 ……………………………………………………………… 3
　2.2 符号 ……………………………………………………………… 5
3 材料 ………………………………………………………………… 7
　3.1 混凝土 …………………………………………………………… 7
　3.2 钢材 ……………………………………………………………… 7
　3.3 斜拉索 …………………………………………………………… 7
4 作用 ………………………………………………………………… 9
　4.1 一般规定 ………………………………………………………… 9
　4.2 各类作用 ………………………………………………………… 9
　4.3 作用组合 ………………………………………………………… 11
5 总体设计 …………………………………………………………… 12
　5.1 一般规定 ………………………………………………………… 12
　5.2 基本结构体系与形式 …………………………………………… 13
　5.3 其他结构体系与形式 …………………………………………… 16
6 构造设计 …………………………………………………………… 20
　6.1 一般规定 ………………………………………………………… 20
　6.2 主梁 ……………………………………………………………… 20
　6.3 索塔 ……………………………………………………………… 28
　6.4 斜拉索 …………………………………………………………… 29
　6.5 气动稳定构造措施 ……………………………………………… 31
　6.6 锚固系统 ………………………………………………………… 31
　6.7 附属工程构造 …………………………………………………… 43
7 结构分析计算 ……………………………………………………… 45
　7.1 一般规定 ………………………………………………………… 45
　7.2 成桥状态静力分析 ……………………………………………… 46
　7.3 施工阶段静力分析 ……………………………………………… 53
　7.4 静力稳定分析 …………………………………………………… 55
　7.5 动力分析 ………………………………………………………… 58

8 设计对施工监控的要求 ·· 64
8.1 一般规定 ·· 64
8.2 基本要求 ·· 65
8.3 控制精度 ·· 66

9 养护条件设计 ·· 67
9.1 一般规定 ·· 67
9.2 养护及更换条件设计 ·· 67

本规范用词用语说明 ··· 69

1 总则

1.0.1 为规范和指导公路斜拉桥的设计，按照安全、耐久、适用、环保、经济和美观的原则，制定本规范。

条文说明

根据《公路工程技术标准》（JTG B01—2014）和《公路桥涵设计通用规范》（JTG D60—2015）的规定，本条文进行相应修订。

1.0.2 本规范适用于跨径1 000m以下的新建和改建公路斜拉桥的设计。

条文说明

《公路斜拉桥设计细则》（JTG/T D65-01—2007）（以下简称"原细则"）适用范围为跨径800m以下的公路斜拉桥。近年来，国内外已修建或正在建设多座跨径800m以上乃至千米级的斜拉桥（表1-1），本次修订充分总结吸收了近年来公路斜拉桥工程建设经验和技术成果，将适用跨径提高到1 000m，以体现我国公路斜拉桥设计行业的技术发展水平。

表1-1 国内外已建或在建的跨径超过800m的公路斜拉桥不完全统计表

序号	桥梁名称	建成时间（年）	地点	主跨跨径（m）
1	俄罗斯岛大桥	2012	俄罗斯	1 104
2	沪通长江大桥（公铁两用）	在建	中国	1 092
3	苏通长江公路大桥	2008	中国	1 088
4	昂船洲大桥	2008	中国	1 018
5	鄂东长江大桥	2010	中国	926
6	多多罗大桥	1999	日本	890
7	诺曼底大桥	1995	法国	856
8	池州长江公路大桥	2019	中国	828
9	九江长江公路大桥	2013	中国	818
10	荆岳大桥	2010	中国	816
11	芜湖长江公路二桥	2017	中国	806
12	仁川大桥	2009	中国	800
13	鸭池河大桥	2016	中国	800

1.0.3 本规范采用以概率理论为基础的极限状态设计方法，按分项系数的设计表达式进行设计。

条文说明

根据《公路桥涵设计通用规范》（JTG D60—2015）和《公路钢结构桥梁设计规范》（JTG D64—2015）的规定，本条文进行相应修订。

1.0.4 公路斜拉桥主体结构设计使用年限为100年。对斜拉索等可更换部件，在确保结构安全的前提下，应注重更换的可行性。

条文说明

根据《公路工程技术标准》（JTG B01—2014）的规定，结合公路斜拉桥结构特点及建设的实际情况，本规范确定公路斜拉桥主体结构设计使用年限为100年。

1.0.5 设计应统筹考虑施工及运营养护的需求。

条文说明

公路斜拉桥在设计中需要考虑施工的可行性和合理性，还要注重运营养护的便利性，以实现桥梁结构可视、可达、可检、可修。

1.0.6 应积极、稳妥推广应用新材料、新技术、新工艺和新设备。

1.0.7 公路斜拉桥设计除应符合本规范的规定外，尚应符合国家和行业现行有关标准的规定。

2　术语和符号

2.1　术语

2.1.1　斜拉桥　cable-stayed bridge
将斜拉索分别锚固在梁、塔或其他载体上，形成共同承载的结构体系。

2.1.2　主梁　girder
由斜拉索和支座支承，直接承受由桥面传递的交通荷载的构件。

2.1.3　索塔　pylon
用于锚固或支承斜拉索，并将其索力传递给下部结构的构件。

2.1.4　斜拉索　stay cable
承受拉力并支承主梁的构件。

2.1.5　过渡墩　transition pier
联跨分界处的桥墩。

2.1.6　辅助墩　auxiliary pier
为提高结构整体刚度，改善结构受力而在边跨内设置的桥墩。

2.1.7　飘浮体系　floating system
塔墩固结，主梁在索塔处不设竖向支座，全桥不设纵向约束的结构体系。

2.1.8　半飘浮体系　semi-floating system
塔墩固结，主梁在塔墩上设置竖向支座，纵向不约束或者弹性约束的结构体系。

2.1.9　塔梁固结体系　fixed system between pylon and girder
塔梁固结，主梁在墩处设支座的结构体系。

2.1.10 塔梁墩固结体系 rigid frame system
塔、梁、墩固结在一起的结构体系。

2.1.11 地锚体系 ground anchoring system
边跨斜拉索全部或部分锚固在地锚上的结构体系。

2.1.12 部分斜拉桥 extra-dosed bridge
拉索承载相对较小且应力幅相对较低、主梁承载相对较大的斜拉桥。

2.1.13 多塔斜拉桥 multi-span cable-stayed bridge
具有多于两个索塔的斜拉桥。

2.1.14 混凝土梁斜拉桥 cable-stayed bridge with concrete girder
主梁为钢筋混凝土或预应力混凝土结构的斜拉桥。

2.1.15 钢箱梁斜拉桥 cable-stayed bridge with steel box girder
主梁为钢箱结构的斜拉桥。

2.1.16 钢桁梁斜拉桥 cable-stayed bridge with steel truss girder
主梁为钢桁结构的斜拉桥。

2.1.17 组合梁斜拉桥 cable-stayed bridge with composite girder
主梁为钢-混组合结构的斜拉桥。

2.1.18 混合梁斜拉桥 cable-stayed bridge with hybrid girder
主梁在边跨的一部分或全部采用混凝土梁,其余梁段采用钢梁或组合梁的斜拉桥。

2.1.19 斜拉索减振装置 damping devices of stay cable
减小斜拉索风振或风雨振的措施或装置。

2.1.20 钢锚梁 steel anchorage beam
索塔上锚固斜拉索的钢结构梁式装置。

2.1.21 钢锚箱 steel anchorage box
索塔和主梁上锚固斜拉索的钢结构箱形装置。

2.1.22 分丝管 strand-separation tube

在索塔鞍座内布置的供单根钢绞线穿过的管道。

2.1.23 限位装置 limited movement bearing

为防止主梁水平位移过大而采用限制纵、横向水平位移的装置。

2.1.24 斜拉索风雨振 wind-rain induced vibration of stay cable

在一定临界风速下，雨水沿斜拉索流动引起的斜拉索驰振。

2.1.25 设计成桥状态 design state of completed bridge

在设计规定的荷载下，斜拉桥塔梁线形平顺，主梁和索塔弯矩控制在可行域范围，索力分布相对均匀的成桥状态。

2.1.26 斜拉索涡激共振 vortex-induced resonance of stay cable

风流经斜拉索时会发生漩涡脱落，当漩涡脱落频率接近或等于斜拉索的自振频率时，由周期性漩涡力所激发出的斜拉索共振现象。

2.1.27 斜拉索尾流驰振 wake galloping of stay cable

后排斜拉索处在前排斜拉索尾流不稳定的驰振区内而发生的风致振动。

2.1.28 斜拉索参数共振 parametric resonance of stay cable

当主梁的振动频率与斜拉索的横向振动频率满足倍数条件时，斜拉索发生的振动。

2.2 符号

2.2.1 几何参数有关符号

A——斜拉索的截面面积；
D——斜拉索直径；
l——计算跨径；
S——斜拉索长度；
y——斜拉索振动的振幅；
α——斜拉索与水平线的夹角；
β——风的相对攻角。

2.2.2 材料性能有关符号

E——考虑垂度影响的斜拉索换算弹性模量；
E_0——斜拉索钢材弹性模量；

f_d——斜拉索的抗拉强度设计值；

m——斜拉索单位长度质量；

W——斜拉索单位长度重力；

γ——斜拉索单位体积重力；

γ_T——斜拉索的换算重度。

2.2.3 作用和作用效应有关符号

f——汽车荷载（不计冲击力）引起的竖向挠度；

N_d——斜拉索的轴向拉力设计值；

T_0——变形前的索力；

T_1——变形后的索力；

σ——斜拉索应力；

σ_0——斜拉索原有应力；

σ_1——承受新的荷载后斜拉索的应力。

2.2.4 计算系数及其他有关符号

C_y——斜拉索在竖直方向上的风荷载系数；

v——风速；

γ_0——结构重要性系数；

ξ——阻尼比；

ρ——空气质量密度；

ϕ_d——斜拉桥的结构体系修正系数；

ω_1——斜拉索自振圆频率。

3 材料

3.1 混凝土

3.1.1 用于斜拉桥各部分构件混凝土的强度、弹性模量和耐久性设计要求等，应按现行《公路钢筋混凝土及预应力混凝土桥涵设计规范》（JTG 3362）的规定采用。

3.1.2 混凝土主梁和索塔所采用的混凝土强度等级不应低于C40。

3.2 钢材

3.2.1 钢筋混凝土及预应力混凝土构件所采用的普通钢筋与预应力钢筋类别、设计强度、标准强度和弹性模量，应按现行《公路钢筋混凝土及预应力混凝土桥涵设计规范》（JTG 3362）的规定采用。

3.2.2 斜拉桥所采用的钢板、型材、普通螺栓、锚栓、高强螺栓、剪力钉、焊接材料等的技术要求、物理性能指标及耐久性设计要求，应按现行《公路钢结构桥梁设计规范》（JTG D64）的规定采用。

条文说明

本条文增加了对剪力钉材料的规定。剪力钉在斜拉桥的钢-混组合构件中有较为广泛的应用。苏通长江公路大桥、上海长江大桥、重庆东水门长江大桥、重庆千厮门嘉陵江大桥等斜拉桥的钢-混组合索塔锚固区均采用剪力钉作为连接件。重庆江津观音岩长江大桥、厦漳大桥南汊主桥以及水土嘉陵江大桥等斜拉桥的钢-混组合主梁也采用剪力钉作为连接件。

3.3 斜拉索

3.3.1 斜拉索用高强钢丝应采用ϕ5mm或ϕ7mm钢丝，其性能应满足现行《桥梁缆索用热镀锌或锌铝合金钢丝》（GB/T 17101）的要求。钢丝抗拉强度设计值应按现行《公路钢结构桥梁设计规范》（JTG D64）的规定采用，其标准强度不宜低于1 670MPa。

钢丝防护镀层或涂层的性能应满足国家或行业现行有关标准的规定。

3.3.2 斜拉索用钢绞线应采用高强度低松弛预应力钢绞线，其性能应满足现行《高强度低松弛预应力热镀锌钢绞线》（YB/T 152）的要求。斜拉索用钢绞线的抗拉强度设计值应按现行《公路钢结构桥梁设计规范》（JTG D64）的规定采用，其标准强度不宜低于1 770MPa。钢绞线防护镀层或涂层的性能应满足国家或行业现行有关标准的规定。

条文说明

3.3.1~3.3.2 斜拉索一般采用高强度钢丝或钢绞线，钢丝或钢绞线防护一般采用镀锌、环氧涂层、锌铝合金镀层等方式。

3.3.3 斜拉索用锚具材料性能应满足现行《优质碳素结构钢》（GB/T 699）或《合金结构钢》（GB/T 3077）的要求。

3.3.4 斜拉索外防护材料性能应满足现行《桥梁缆索用高密度聚乙烯护套料》（CJ/T 297）的要求。

4 作用

4.1 一般规定

4.1.1 公路斜拉桥设计采用的结构重要性系数、作用及其组合，除本章有明确规定外，应符合现行《公路桥涵设计通用规范》（JTG D60）的规定。

4.2 各类作用

4.2.1 计算结构重力时，当钢筋混凝土或预应力钢筋混凝土体积含筋率（含普通钢筋和预应力钢筋）大于2%时，其重度可按单位体积中扣除钢筋体积的混凝土的自重与所含钢筋的自重之和计算。

4.2.2 计算汽车冲击力时，结构基频应取主梁的竖向弯曲基频。

4.2.3 斜拉桥主梁专用检修道上的人群荷载可取 $1.5kN/m^2$。

条文说明

现行《公路桥涵设计通用规范》（JTG D60）对于主梁设置的专用检修道上的人群荷载集度并未作具体规定，本条参考国外有关标准和国内已设置检修道的具体情况，推荐采用此集度标准。

4.2.4 风荷载标准值应按现行《公路桥梁抗风设计规范》（JTG/T 3360-01）的规定计算。在风环境比较复杂的地区，应进行专题研究。

4.2.5 温度作用应符合下列规定：
1 考虑温度作用时，应根据当地的具体情况、结构物使用的材料和施工条件等因素计算由温度引起的结构效应。
2 体系温差应按现行《公路桥涵设计通用规范》（JTG D60）的规定执行。
3 主梁的竖向温度梯度引起的效应按现行《公路桥涵设计通用规范》（JTG D60）的规定执行。

4 四车道以上宽幅无悬臂主梁，宜考虑横桥向温度梯度作用的影响。

5 无实测数据时，混凝土索塔两侧的梯度温差可取 ±5℃。

6 构件间的温差可按下述范围取值：

1) 斜拉索与混凝土主梁、索塔：±10 ~ ±15℃；
2) 斜拉索与钢主梁：±10℃。

条文说明

本次修订增加了主梁横桥向温度梯度作用的有关规定，横桥向温度梯度作用一般根据桥梁的地理位置、环境条件等因素确定。无实测数据时，参考现行《公路桥涵设计通用规范》（JTG D60）相关条文及说明。

4.2.6 斜拉桥应采用 E1 和 E2 两水准地震作用进行抗震设防，E1 地震作用宜采用 100 年超越概率 10% 的地震动，E2 地震作用宜采用 100 年超越概率 4% 的地震动。对于跨径不大于 150m 的斜拉桥，地震作用可按现行《公路桥梁抗震设计规范》（JTG/T 2231-01）中 A 类桥梁的规定采用。其余情况应根据专门的工程场地地震安全性评价确定桥址 E1 和 E2 地震作用。工程场地地震安全性评价应符合下列规定：

1 E1 和 E2 地震作用应考虑长周期效应，计算采用的设计加速度反应谱和设计地震动加速度时程的周期范围应包括斜拉桥结构的基本周期。

2 桥址存在地质不连续或地形特征可能造成各桥墩的地震动参数显著不同时，应考虑地震动参数的空间变化。

3 桥址距有发生 6.5 级以上地震潜在危险的地震活动断层 30km 以内时，近断裂效应应包括上盘效应、破裂的方向性效应，以保证设计加速度反应谱长周期段的可靠性。

条文说明

与悬索桥类似，斜拉桥一般造价较高，一旦发生破坏，修复困难，因此设防水准重现期定得较高；由于具有长周期和大跨径的特点，斜拉桥对工程场地地震安全性评价的要求也与悬索桥类似。因此，本条规定参考现行《公路悬索桥设计规范》（JTG/T D65-05）。

4.2.7 需要考虑船舶或汽车撞击作用时，撞击作用设计值应符合现行《公路桥梁抗撞设计规范》（JTG/T 3360-02）的规定。

4.2.8 进行施工过程计算时，应根据桥梁结构的特点、施工方法和工艺等，计入施工中可能出现的施工荷载，包括架设机具和材料、施工人员、桥面堆载、临时配重以及施工期间的风荷载等。

4.3 作用组合

4.3.1 作用组合应符合现行《公路桥涵设计通用规范》(JTG D60)中有关作用组合的规定。

4.3.2 斜拉桥抗震计算作用组合应按现行《公路桥梁抗震设计规范》(JTG/T 2231-01)的规定采用。

4.3.3 斜拉桥防船撞计算作用组合应按现行《公路桥梁抗撞设计规范》(JTG/T 3360-02)的规定采用。

5 总体设计

5.1 一般规定

5.1.1 斜拉桥应根据桥梁使用功能、技术标准、建设条件、景观、环保等要求，考虑全寿命周期成本，进行总体设计。

5.1.2 总体设计应对跨径布置、横断面布置、结构体系、施工方案以及主梁、斜拉索、索塔和基础等进行综合比选。

5.1.3 设计应明确主体结构以及斜拉索、阻尼装置、支座、伸缩装置等可更换部件的设计使用年限。可更换部件的设计使用年限不应低于表5.1.3的规定。

表5.1.3 主要可更换部件的设计使用年限

部　件	设计使用年限（年）
斜拉索	20
斜拉索外置式阻尼装置	20
塔梁间阻尼装置	30
盆式橡胶支座	25
钢支座	50
伸缩装置	15

条文说明

现行《公路桥涵设计通用规范》（JTG D60）规定了斜拉索、栏杆、伸缩装置、支座等可更换部件的设计使用年限。本条补充了阻尼装置，细化了支座类型，对斜拉桥主要可更换部件的设计使用年限进行了规定。

5.1.4 设计应明确施工过程中结构体系转换的顺序及应采取的措施。

条文说明

斜拉桥施工过程中往往要经过多次结构体系转换，体系转换顺序及应采取的措施是斜拉桥施工阶段的关键环节，设计中需要明确。

5.1.5 应综合考虑抗风、抗震、防撞等复杂因素进行总体设计，必要时进行专题研究。

条文说明

斜拉桥是柔性结构，在风、地震、撞击等作用下容易发生振动和损伤，严重时可能导致桥梁出现安全问题。对于风速较大、风环境复杂地区的斜拉桥，根据需要进行桥址区风环境研究以及桥梁抗风性能研究；对于桥址区地震烈度高、场地条件复杂的斜拉桥，根据需要进行地震动参数研究以及桥梁抗震性能研究；对于通航环境复杂、船舶撞击力大的斜拉桥，根据需要进行船撞力设防标准研究以及防船撞措施研究。

5.1.6 设计应对斜拉桥的运营、养护提出技术要求。

条文说明

斜拉桥是由多个部件组成的复杂结构，在运营过程中，由于环境、交通以及结构本身的缺陷等因素，桥梁结构会产生一定的损伤和病害。合理的运营及养护措施对于保障桥梁安全运营、延长桥梁使用寿命具有重要意义。针对斜拉桥的具体特点和关键构造，设计时需要对斜拉桥的运营、养护提出相应的技术要求。

5.2 基本结构体系与形式

5.2.1 斜拉桥主要由主梁、斜拉索、索塔、墩台及基础等部分构成，在边跨内可根据需要设置辅助墩。

5.2.2 斜拉桥可采用如下结构体系：飘浮体系、半飘浮体系、塔梁固结体系、塔梁墩固结体系，如图5.2.2所示。

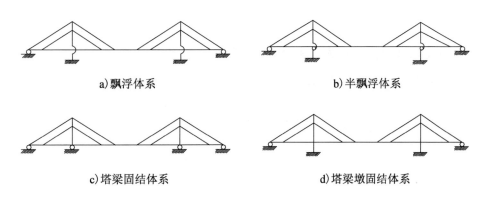

图 5.2.2 斜拉桥四种基本结构体系

条文说明

斜拉桥的基本结构体系按主要受力构件塔、梁、墩的连接方式划分，主要有以下几类：

（1）飘浮体系

塔墩固结，主梁在索塔处不设支座，仅在桥台或过渡墩、辅助墩上设置纵向活动支座。

（2）半飘浮体系

塔墩固结，主梁在塔墩上设置竖向支座，纵向不约束或者弹性约束。对于较小跨径的斜拉桥，也有在塔墩上设置固定支座的情况。

（3）塔梁固结体系

塔梁固结，主梁在桥墩上设置支座。该体系塔柱和主梁的温度内力小，但是总体刚度较差，支座吨位大，支座的养护和更换不方便，因而较少采用。

（4）塔梁墩固结体系

塔梁墩固结，在索塔处不需要设支座，整体刚度大，但是温度内力大。该体系最适用于独塔斜拉桥。当主墩较高且具有合适的柔度时，大跨径的双塔斜拉桥也能采用塔梁墩固结体系，如主跨550m的福建长门特大桥、主跨350m的广东新造珠江特大桥。多塔斜拉桥的中塔也采用过塔梁墩固结体系，如宜昌夷陵长江大桥（38m + 38.5m + 43.5m + 2×348m + 43.5m + 38.5m + 38m）。

早期，国内外也曾修建带挂孔的塔梁墩固结体系斜拉桥，如委内瑞拉的Maracaibo桥（主跨235m），以及跨中带铰的塔梁墩固结体系斜拉桥，如中国台湾的淡水河桥（主跨134m）。由于此体系斜拉桥行车不舒适，目前很少采用。

（5）其他体系

在斜拉桥发展过程中，出现一些其他体系的斜拉桥。

①地锚体系斜拉桥。

根据斜拉索的锚固方式衍生出地锚体系斜拉桥，边中跨比很小，边跨设置地锚以维持体系平衡。对于非独塔地锚体系斜拉桥，根据需要在主跨跨中设置可供主梁因温度变化而伸缩的装置。

②部分斜拉桥。

部分斜拉桥是以主梁受力为主、介于斜拉桥和连续梁桥之间的桥型。部分斜拉桥主梁承载相对较大，拉索承载相对较小且应力幅相对较低，接近于带体外预应力的连续梁。

③无背索斜拉桥。

当边跨不设置斜拉索时衍生出无背索斜拉桥。该种体系的斜拉桥依靠索塔本身承受拉索的不平衡力，有时可将索塔向边跨倾斜，用塔身重力来平衡索力。

④协作体系。

斜拉桥和其他桥型结构协作共同受力时形成协作体系，如斜拉桥与梁桥的协作体系、斜拉桥与悬索桥的协作体系、斜拉桥与拱桥的协作体系等。

5.2.3 斜拉桥依据索塔在纵桥向的布置、斜拉索索面的布置、主梁材料等，可采用下列结构类型：

1 根据索塔在纵桥向的布置，斜拉桥可采用独塔斜拉桥、双塔斜拉桥、多塔斜拉桥。

2 根据斜拉索索面的布置，斜拉桥可采用单索面、双索面、多索面斜拉桥，如图5.2.3所示。

a) 单索面　　　　　　b) 双索面　　　　　　c) 多索面

图 5.2.3　斜拉索索面布置

3 根据主梁材料，斜拉桥可采用混凝土梁斜拉桥、钢箱梁斜拉桥、钢桁梁斜拉桥、组合梁斜拉桥、混合梁斜拉桥。

条文说明

根据索塔、斜拉索的布置情况以及主梁的材料类型划分出多种结构形式的斜拉桥。本条中列出的三种划分方式能够组合出多种结构形式的斜拉桥，如单塔双索面混凝土梁斜拉桥、双塔双索面钢箱梁斜拉桥、三塔双索面混合梁斜拉桥等。

5.2.4 斜拉桥总体布置及基本参数应按下列原则选用：

1 独塔斜拉桥的边中跨比宜为0.5～1.0，双塔斜拉桥的边中跨比宜为0.3～0.5，多塔斜拉桥的各主跨跨径可不相同，其边跨与主跨比可参照双塔斜拉桥选用。

2 双塔、多塔斜拉桥桥面以上塔高与主跨的跨径比宜为1/3～1/6；独塔斜拉桥桥面以上塔高与主跨的跨径比宜为1/1.5～1/3。

3 斜拉桥最外侧斜拉索倾角不宜小于22°。

4 梁高应根据跨径、索面布置、截面形式、纵横向受力特点等综合确定。

5 斜拉索布置宜采用下列形式：

1) 斜拉索索面布置可采用空间索面或平面索面；

2) 斜拉索在纵桥向宜采用扇形，也可采用竖琴形、辐射形、星形等；

3) 斜拉索在主梁上的标准间距对于钢主梁或组合梁宜为8～16m，对于混凝土主梁宜为6～12m。

6 辅助墩应根据斜拉桥整体刚度、结构受力、边跨通航要求、施工期安全以及经济适用条件进行设置。

条文说明

本条文是结合已建斜拉桥的实际应用情况总结得出的,分别从梁、塔、索、辅助墩等方面提出了总体设计时需要确定的基本参数。提出的比例适用于一般情况,对于特殊条件下的斜拉桥,需要通过合理的结构布置适当调整。

影响斜拉桥梁高的因素很多,如索的布置(索距、索面距)、跨径、截面形式、荷载等。实际情况中,斜拉桥梁高和跨径的比例关系离散性也很大,故本条未给出梁高和跨径的比例关系,设计时需要根据具体情况确定。

斜拉索为主梁提供弹性支承,并将荷载传递给索塔,是主要的传力构件。斜拉索的布置力求结构受力合理。常见的斜拉索纵桥向布置形式如图5-1所示。

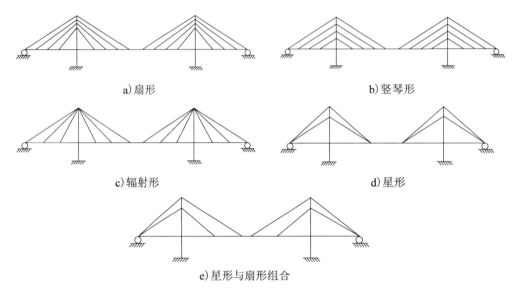

图 5-1 斜拉索纵桥向布置形式

5.3 其他结构体系与形式

5.3.1 根据结构受力,多塔斜拉桥的中塔与边塔可采用不同的塔梁墩约束方式,并可采取增大中间塔或主梁刚度、设置辅助索约束塔顶变位等措施提高体系整体刚度。

条文说明

多塔斜拉桥是指索塔数在两个以上的斜拉桥。目前,世界上主跨超过200m的部分多塔斜拉桥见表5-1。

表 5-1 主跨超过 200m 的多塔斜拉桥不完全统计表

桥 名	国家	跨径布置（m）	主梁类型	塔数	改善受力的措施
Maracaibo 桥	委内瑞拉	160 + 5 × 236 + 160	混凝土梁	6	刚性塔,T构 + 挂梁
Polcevera 桥	意大利	86 + 202 + 210 + 140 + 86	混凝土梁	3	刚性塔,T构 + 挂梁
香港汀九大桥	中国	127 + 448 + 475 + 127	组合梁	3	中塔设置辅助索

表 5-1（续）

桥 名	国家	跨径布置（m）	主梁类型	塔数	改善受力的措施
Rion-Antirion 桥	希腊	286 + 3×560 + 286	组合梁	4	金字塔式桥塔
宜昌夷陵长江大桥	中国	38 + 38.5 + 43.5 + 2×348 + 43.5 + 38.5 + 38	混凝土梁	3	加密边跨索距；中塔塔梁固结；边跨设两个辅助墩
Mezcala 桥	墨西哥	57 + 79.86 + 311.44 + 299.46 + 83.84 + 67.87	组合梁	3	塔墩固结，边跨设辅助墩
滨州黄河大桥	中国	42 + 42 + 300 + 300 + 42 + 42	混凝土梁	3	中塔塔梁墩固结，边跨设两个辅助墩
岳阳洞庭湖大桥	中国	130 + 2×310 + 130	混凝土梁	3	增加主梁和索塔刚度；设附加压重，提高外索张紧程度
武汉二七长江大桥	中国	90 + 160 + 2×616 + 160 + 90	混合梁（组合梁+混凝土梁）	3	加大梁重和拉索面积
嘉绍大桥	中国	70 + 200 + 5×428 + 200 + 70	钢箱梁	6	主梁中心设刚性铰；索塔处设双排支座

Maracaibo 桥和 Polcevera 桥的 T 构 + 挂梁体系是早期的结构体系，现在已基本不采用。

多塔斜拉桥的关键问题是提高其整体刚度，因为其整体刚度较低。在典型的双塔斜拉桥中，主跨加载时主梁下挠，两塔向加载孔弯曲，边跨上挠，边跨尾端背索拉力变化较大，约束了塔向加载孔的变位。

当边跨设置有辅助墩时在主跨加载，所有锚固在边跨外侧及辅助墩附近的斜拉索均像边跨背索一样起到约束作用，提高了桥梁的整体刚度，减小了边跨的上挠和主跨的下挠。

对于多塔斜拉桥，边跨背索对中间塔约束作用较弱，因而整体刚度较小，主跨加载时挠度较大。因此，提高桥梁的体系刚度成为多跨斜拉桥设计中的关键。

增加主梁刚度可以在一定程度上提高多塔多跨斜拉桥的整体刚度，但这样做必然会增加桥梁的自重。在需要采用多塔多跨斜拉桥时，通常将中间的索塔做成刚性塔，但此时索塔和基础的工程量会增加很多；如用拉索约束中间索塔塔顶变位，则有长索的自重下垂度很大、拉索的刚度较小、风荷载较大时易毁坏、视觉上不美观等缺点。

5.3.2 在受到地形条件限制、边中跨比很小时，可采用地锚式斜拉桥，地锚可采用重力式锚、抗拔桩锚等可靠的锚固方式。为适应温度引起的梁体伸缩，非独塔地锚式斜拉桥的主跨跨中宜采取允许梁体纵向变形的措施。

条文说明

国内外修建了少量地锚式斜拉桥。典型的三跨地锚式斜拉桥有：①西班牙Luna桥，跨径组成为67m+440m+67m，边跨另设36.23m长的地锚；②中国郧阳汉江大桥，跨径组成为43m+414m+43m，边跨另设43m长的地锚。这两座斜拉桥为部分地锚式斜拉桥。

少量单跨斜拉桥，主跨侧自锚，背索全部采用地锚，如日本松山桥（主跨86.6m，地锚长32.5m）和秩父桥（主跨153m，地锚长22.5m），以及西班牙的Ebro桥。而中国贵州芙蓉江大桥为斜塔单索面斜拉桥，塔柱后倾18.4°，主跨170m，边跨拉索全部锚固于其后的重力式锚碇上。

5.3.3 塔高较小、采用塔梁墩固结体系或塔梁固结体系的混凝土部分斜拉桥，总体布置及基本参数应符合下列规定：

1 边跨与主跨跨径比宜采用0.5~0.76。
2 桥面以上塔高与主跨跨径比宜采用1/6~1/10。
3 主梁宜采用箱形截面。采用等截面时，梁高与主跨跨径比宜采用1/35~1/45；采用变截面时，根部梁高与主跨跨径比宜采用1/25~1/30，跨中梁高与主跨跨径比宜采用1/55~1/65。
4 主梁上的无索区长度，索塔附近宜采用0.15~0.20倍主跨跨径；中跨跨中宜采用0.20~0.35倍主跨跨径；边跨宜采用0.20~0.35倍边跨跨径。

条文说明

本次修订从结构受力特性方面将主梁承载相对较大、拉索承载相对较小、应力幅相对较低的斜拉桥定义为部分斜拉桥，涵盖了原细则中的矮塔斜拉桥。

鉴于部分斜拉桥与典型斜拉桥无论从外形还是构造上仍有不少相同之处，同时在我国发展较快，因此保留关于部分斜拉桥的相应条款。

部分斜拉桥是斜拉桥和连续梁桥之间的一种过渡桥型，在100~300m跨径范围，部分斜拉桥是较有竞争力的桥型。

部分斜拉桥是以主梁为主体的承重结构，设置斜拉索或者斜拉杆相当于除体内索之外加设一些体外索，从而达到降低主梁高度的目的。因此部分斜拉桥兼有连续梁桥与斜拉桥的优点。

与连续梁桥或连续刚构桥相比，部分斜拉桥有下列优点：

（1）跨越能力较连续梁桥大，同跨径时，梁高较连续梁桥低许多，能降低建筑高度。

（2）对于大跨径桥梁而言，相同跨径的部分斜拉桥比连续梁桥经济。

（3）特大跨预应力混凝土连续梁桥、连续刚构桥存在主梁下挠和开裂问题。部分斜拉桥可以通过索力主动调整主梁内力和线形。

与斜拉桥相比,部分斜拉桥有下列优点:

(1) 塔高较小,塔身结构简单,施工方便。

(2) 斜拉索应力变化幅度较小,通常有较高的应力水平。

(3) 主梁抗弯刚度大,一般采用梁桥施工方法,无须像斜拉桥那样采用大型牵索挂篮,极大地方便施工。

(4) 整体刚度大,变形小。

6 构造设计

6.1 一般规定

6.1.1 斜拉桥各主要组成部分的构造应保证结构具有足够的强度和刚度，同时使内力传递顺畅，减少应力集中，便于施工和养护。

6.1.2 斜拉桥构造设计时应考虑斜拉索等可更换部件的维护和更换，预设必需的空间和构造措施。

条文说明

斜拉桥中的斜拉索、支座、阻尼器、防撞护栏、桥面铺装、伸缩装置等部件在桥梁运营期内需要日常维护，使用若干年后可能需要更换。在对斜拉桥进行构造设计时，需要考虑该类部件更换的可行性和方便性。

6.2 主梁

6.2.1 斜拉桥的主梁宜布置成连续体系。

条文说明

斜拉桥的主梁一般都布置成连续梁体系，这种体系的桥面整体性好，行车平稳舒适，后期养护也较简便。

在早期的斜拉桥中，也曾采用 T 构+挂梁的形式，如委内瑞拉 Maracaibo 桥的 Morandi 体系。在中国的光复桥中，也曾设剪力铰。非连续体系主梁尽管可以减少超静定次数，但是破坏了桥梁的整体性和桥面的连续性，影响行车的舒适性，施工、养护较困难，使用较少。

6.2.2 主梁可采用混凝土梁、钢箱梁、钢桁梁、钢-混组合梁等。主梁的截面形式应根据材料、跨径、索距、桥宽、索面数等，并综合考虑结构受力、耐久性、抗风稳定和施工方法进行选用。

6.2.3 混凝土主梁可采用实心板截面、边箱梁截面（PK梁）、箱形截面、带斜撑箱形截面和肋板式截面，如图6.2.3所示。混凝土主梁的截面形式宜按照下列原则选取：

1 实心板截面适用于跨径200m以下的混凝土斜拉桥面。
2 肋板式截面、边箱梁截面及箱形截面适用于双索面斜拉桥。
3 箱形截面或带斜撑箱形截面适用于单索面斜拉桥。
4 当桥面很宽时，主梁截面可考虑设为单箱多室截面、肋板式截面及边箱梁截面，必要时适当增加在中间板部分的梁肋数。

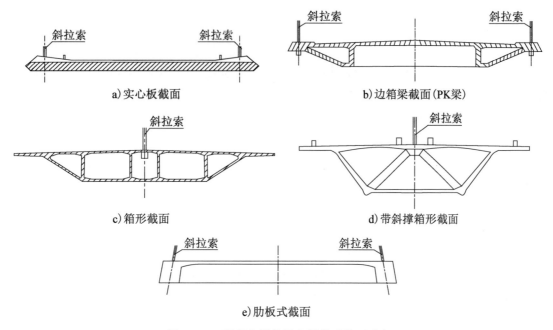

图6.2.3 混凝土斜拉桥主梁典型截面示意

条文说明

希腊Evripos桥采用实心板梁截面，主跨215m，板厚45cm。

肋板式截面和实心板梁截面一样，都仅适用于双索面斜拉桥，这是主梁趋于轻型化的重要标志之一。肋板式截面已被广泛采用，例如主跨322m的宜昌铁罗坪特大桥和主跨300m的绍兴曹娥江大桥。

6.2.4 钢箱梁可采用整体式或分体式箱形截面以及边箱梁截面，钢箱梁典型截面形式如图6.2.4所示。

条文说明

本条新增了分体式箱形截面。分体式钢箱梁具备扁平钢箱梁的典型构造特征，由顶板、底板、腹板、横隔板组成。与扁平钢箱梁的不同之处为分体式钢箱梁将中分带拉开，形成中央开槽的双箱或多箱梁，沿纵梁间隔一定距离用横梁将分离的纵梁连成一体。

上海长江大桥、昂船洲大桥、芜湖长江公路二桥以及外滩大桥均采用了该种截面形式。

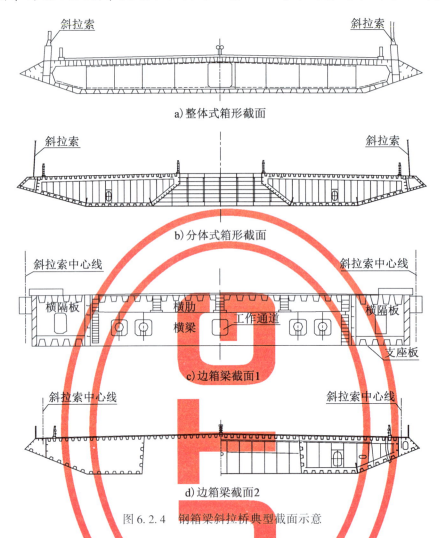

图 6.2.4 钢箱梁斜拉桥典型截面示意

6.2.5 钢桁梁主梁的截面形式可按下列原则选取：

1 钢桁梁主梁可采用矩形、倒梯形等截面形式，其典型截面如图 6.2.5-1 所示。

2 钢桁梁桥面结构可采用正交异性钢桥面板或混凝土桥面板。正交异性钢桥面板可采用板桁结合式或板桁分离式，如图 6.2.5-1 a）、6.2.5-1 b）所示。

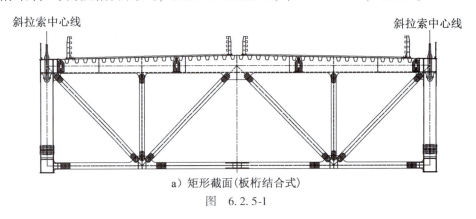

a）矩形截面（板桁结合式）

图 6.2.5-1

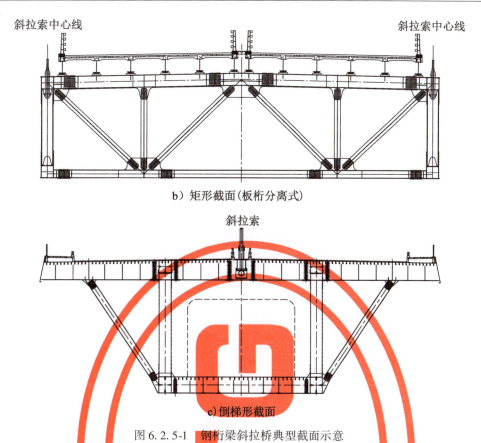

b) 矩形截面（板桁分离式）

c) 倒梯形截面

图 6.2.5-1　钢桁梁斜拉桥典型截面示意

3　桁片形式可采用 N 形桁架、华伦式桁架和三角形桁架，如图 6.2.5-2 所示。

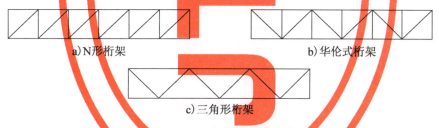

a) N 形桁架　　　　　　　　b) 华伦式桁架

c) 三角形桁架

图 6.2.5-2　钢桁梁桁架形式

4　钢桁梁的主桁高度应根据受力需要、行车净空要求和节点构造细节确定，斜腹杆布置角度宜介于 35°～55°。

5　上下平联的腹杆体系可采用交叉式体系、K 式体系、米字形体系以及双交叉式体系等，如图 6.2.5-3 所示。

条文说明

钢桁梁由主桁架、横向联结系、平联和桥面板组成，主桁和横梁又分别由上、下弦杆及腹杆等杆件组成，杆件之间采用高强螺栓连接或焊接。

钢桁梁由于运输方便、现场焊接工作量少，在山区斜拉桥的应用中逐渐增多，比如主跨 800m 的贵州鸭池河大桥和主跨 720m 的都格北盘江第一桥，都是较有代表性的山区钢桁梁斜拉桥；钢桁梁的桁高及通透性使其便于布置双层交通，在建的主跨 1 092m

的沪通长江大桥，已建成的主跨708m的上海闵浦大桥、主跨504m的武汉天兴洲长江大桥和主跨445m的重庆东水门长江大桥，都是布置双层交通的典型钢桁梁斜拉桥。

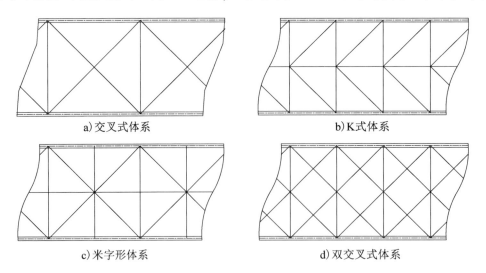

图6.2.5-3 钢桁梁平联形式

公路斜拉桥钢桁梁的典型桥面系有钢-混组合桥面系和正交异性桥面系。钢-混组合桥面系虽然自重大，但有利于与桥面铺装结合，易于保证桥面铺装的耐久性，桥面系自身的耐疲劳性能也较好，适合跨径相对较小的钢桁梁斜拉桥，已建成的代表性桥梁有主跨400m的湖北忠建河大桥。正交异性桥面系自重轻，适合高烈度地震区或跨径相对较大的钢桁梁斜拉桥，但桥面系自身的抗疲劳性能和桥面铺装的耐久性需重点关注，已建成的代表性桥梁有主跨800m的贵州鸭池河大桥。

按照桥面系是否参与主桁受力，公路斜拉桥钢桁梁又分为板桁结合式和板桁分离式，前者整体刚度大，后者受力更加明确且便于桥面板维护更换。

从受力角度考虑，理论上斜腹杆与主桁平面或竖直面的最佳倾角为45°，综合考虑钢桁梁高度、节段划分长度及节点板构造，斜腹杆布置角度宜介于35°~55°。

为了使主桁保持空间不变体系并且能承受水平荷载，在两桁之间设置纵向水平桁架（上、下平联）形成稳定的空间结构。K式体系一般应用于节间长度小的桥梁中；交叉式体系与弦杆连接的节点相同，这种体系使弦杆变形均匀，不会弯曲，天兴洲长江大桥的下平联就采用这种形式。当桥面较宽时常采用双交叉式体系（如果子沟大桥的上、下平联）或米字形体系（如都格北盘江第一桥下平联）。采用正交异性桥面系时，一般不设置平联。

6.2.6 组合梁主梁截面可采用工字钢主梁或边箱梁加小纵梁截面形式，也可采用扁平流线型箱梁以及钢桁梁截面形式，其典型截面如图6.2.6所示。组合梁的构造设计应符合下列规定：

1 混凝土桥面板厚度不宜小于250mm，混凝土强度等级不宜小于C40。
2 混凝土板间接缝、钢梁顶面的剪力键与钢梁顶面应有效地结合成整体，连接构造设计应按现行《公路钢混组合桥梁设计与施工规范》（JTG/T D64-01）的规定执行。

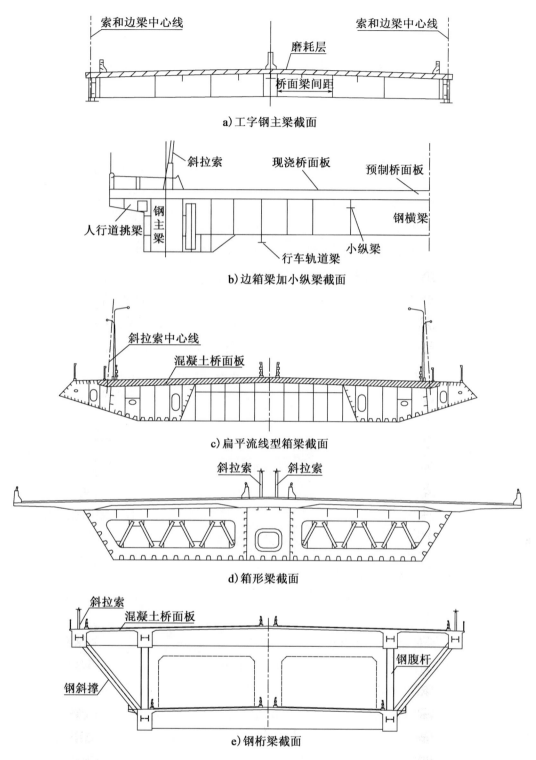

图 6.2.6 组合梁斜拉桥典型截面示意

条文说明

钢梁多数采用两工字钢主梁。如福建青州闽江大桥，跨径605m。跨径602m的杨浦大桥则采用边箱梁截面。钢-混组合梁也采用其他结构形式，例如跨径480m的台州椒江二桥采用扁平流线型半封闭钢箱与混凝土桥面板的组合截面［如图6.2.6c)］，上海闵浦大桥边跨则采用钢桁架主梁与混凝土桥面板的组合截面［如图6.2.6e)］。

国内已建或在建的钢-混凝土组合梁斜拉桥的调研结果表明，目前钢-混组合梁的混凝土桥面板厚度主要为250~280mm。

6.2.7 斜拉桥主梁横向连接构造应符合下列规定：

1 混凝土梁拉索锚点处和支座处应设置横隔板，横隔板（梁）间距宜为4~8m，其厚度不宜小于200mm。

2 钢箱梁拉索锚点处和支座处横隔板（梁）宜采用板式，其余位置处横隔板可采用桁架式，横隔板（梁）间距不宜大于4m，横隔板钢板厚度不宜小于10mm。

3 钢桁梁横向联结系宜采用桁架斜撑形式。

4 组合梁拉索锚点处和支座处横隔板（梁）宜采用板式，板式结构的钢板厚度不宜小于10mm。

条文说明

主梁横向连接构造采用横隔板（梁），该结构是使主梁成为空间整体结构的重要构造，能增加主梁的抗扭、抗剪刚度，与主梁连成一体增加截面横向刚度，提高整体性能。

在主梁的斜拉索锚固区，局部应力集中、受力复杂，为使斜拉索的拉力能较好地传递给主梁，需要设置较大刚度的横向连接。另外，还需根据主梁的横向刚度和桥面板的跨径及索距大小适当加密布置。

在支座处的横隔板（梁）要承受和分布很大的支承反力，因此横隔板（梁）要有足够的强度和刚度。可采用增加混凝土板厚度、施加预应力或设置加劲板等措施予以加强，横隔板预留孔的顶端角隅处法向应力分布与其内折角有关，内折角越平缓、转角处的应力就越小，为缓和应力集中现象，通常设承托并在斜方向上加强配筋。

对于钢桁梁，为了使主桁保持空间不变体系，并且能承受水平荷载（横向风力、地震力等），在两桁之间设置纵向水平桁架（上、下平联）形成稳定的空间结构；同时，为了在偏载作用下增加桁梁的抗扭刚度，设置横向联结系。若开放双层交通，由于下层桥面的净空要求，横向联结系由横梁和主桁架的中间竖杆（或斜杆）形成的钢架构成。

6.2.8 主梁纵向连接构造应符合下列规定：

1 混凝土主梁纵向采用分段悬浇时，在分段线处主梁纵向预应力钢绞线的连接接头不宜超过其总数的50%。主梁纵向采用分段悬拼时，混凝土主梁断面应设计成企口缝形式，并宜设置定位预（埋）制件。主梁接缝应采用胶接缝，构件接触应平整、密贴并做好防水处理，跨径较大时可增加湿接缝，便于调整线形。

2 钢箱梁和钢桁梁构件宜采用工厂焊接方法制作，节段连接方式可采用高强螺栓连接或焊接，钢箱梁顶板应采用焊接连接。钢箱梁纵向隔板宜布置在车道中线或车道线处。

3 大跨径组合梁斜拉桥主梁节段长度以能布置1~2根斜拉索或2~4根横梁为宜。组合梁中的钢梁节段应采用工厂焊接方法制作。节段连接方式可采用高强螺栓连接或焊接。

4 混合梁主梁纵向不同材料梁的连接处应按现行《公路钢混组合桥梁设计与施工规范》（JTG/T D64-01）的规定执行。

条文说明

1 分段悬浇的混凝土主梁，纵向预应力筋连接接头不能在分段线处全部断开，对主梁的削弱尽可能小一些（张拉压浆以前）。主梁分段线处的预应力钢绞线接头通常不超过总数的50%。为了使待浇梁段的混凝土能与已浇梁段端面很好地结合，对已成梁端的外端面进行凿毛处理。

2 钢主梁节段间采用高强螺栓连接时，螺栓的排列与构件轴线对称，防止因偏心产生附加应力，所有螺栓对齐居中，即打入冲钉旋紧高强螺栓。钢主梁节段间连接采用焊接时，先以螺栓连接匹配方式临时连接，然后实施焊接。

3 为保证吊装刚度和节段质量，组合梁的节段长度以能布置1~2根斜拉索和2~4根横梁为宜。

4 两种不同材料主梁的纵向连接——钢-混混合梁结合部，是混合梁斜拉桥的最重要技术关键。现行《公路钢混组合桥梁设计与施工规范》（JTG/T D64-01）对钢-混混合梁结合部的设计作出了详细规定，斜拉桥混合梁的设计遵照执行。

6.2.9 混凝土主梁合龙段长度可取1.5~3.0m，临时固结措施可采用劲性钢骨架，必要时可施加预应力。钢梁主梁合龙段长度可取4.0~12.0m，合龙段钢梁实施长度可根据合龙温度予以修正。

条文说明

混凝土主梁合龙段在施工过程中，由于温度变化、新浇混凝土早期收缩、已完成结构部分的混凝土收缩与徐变、结构体系变化以及施工荷载等因素，在合龙过程中要承受轴力、弯矩和剪力并要克服温度影响防止混凝土开裂，因此需要采取加强措施来保证结构的连续，保持两侧梁体变形协调。

合龙段混凝土浇筑要尽快完成，尽早达到设计强度，并要有一定的施工作业面，一般合龙段长度为1.5~3.0m。通常采用劲性型钢或劲性钢管作为预应力筋套管并以施加预应力等方式作为临时固结措施。

钢梁具有较大的传热性，能够很快吸收周围空气中的热量，而结构变形对温度变化十分敏感，所以，需要正确选择合龙温度及满足钢梁安装就位时高强螺栓定位所需时间，并进行温度变形观测，为修正设计合龙温度提供科学依据。

6.3 索塔

6.3.1 索塔的结构设计除应满足施工及运营阶段结构强度、刚度、稳定性等要求外，尚应考虑经济合理、施工方便、造型美观及便于维修养护等要求。索塔结构形式应按下列原则选取：

1 索塔的纵桥向形式可采用单柱式、A 形及倒 Y 形等，如图 6.3.1-1 所示。索塔宜设计成竖直式，也可根据需要设计成倾斜式。

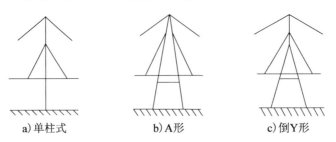

图 6.3.1-1 索塔的基本形式（纵桥向）

2 索塔的横桥向形式可采用单柱式、双柱式、门式、花瓶式、A 形、倒 Y 形、宝塔式、钻石式等，如图 6.3.1-2 所示。

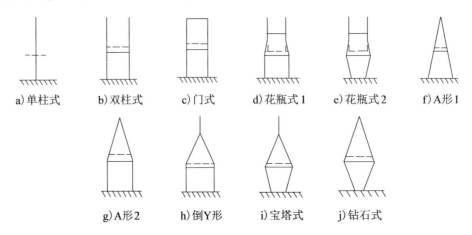

图 6.3.1-2 索塔的基本形式（横桥向）

3 索塔塔柱的横截面可采用实心或空心，截面形式可采用矩形、I 字形、箱形或多边形。

6.3.2 混凝土索塔应根据施工需要在索塔内配置型钢作为劲性骨架。钢筋构造应符合下列规定：

1 竖向受力钢筋的直径不宜小于 25mm。
2 竖向受力钢筋的截面面积不宜小于混凝土截面面积的 1%。

3 箍筋直径不应小于 16mm，间距不应大于竖向受力钢筋直径的 10 倍，且不大于 200mm。

条文说明

索塔是斜拉桥的主要承重结构，索力的垂直分力引起塔柱轴向力和水平力，对塔柱产生弯矩和剪力。此外，温度变化（日照影响），支座沉降，风荷载，地震力，混凝土收缩、徐变等都将对塔柱产生轴向力、水平力、扭矩和顺桥向及横桥向的弯矩，因此塔柱配筋较多。为了增大索塔安全储备，并减少竖向裂缝，本次修订增大了竖向钢筋和箍筋的最小直径。本规范提出的仅是配筋低限，设计中尚需根据计算合理配置。

6.3.3 钢索塔宜设计成矩形空心截面形式，根据工程实际也可将其设计成 T 形或准十字形空心箱形式。箱室四周各主壁板应布置竖向加劲肋，箱室内应设置水平横隔板，其间距不宜大于 4.0m。钢索塔外壁板及内壁板的厚度根据受力需要可沿索塔内分段取用不同的值，但不宜小于 20mm。

6.4 斜拉索

6.4.1 斜拉索应结合生产、运输和安装等条件选用平行钢丝斜拉索或钢绞线斜拉索。

条文说明

根据材料及制作方法的不同，目前斜拉索基本上分为整体安装的斜拉索和分散安装的斜拉索两类，即平行钢丝斜拉索和钢绞线斜拉索。

6.4.2 斜拉索应有完整可靠的密封防护构造，尤其是索端与锚具的接合部。斜拉索应便于张拉、检查和更换。

条文说明

斜拉索耐久性和安全性与其防护结构体系是否完善可靠有关。斜拉索整个构件中防护最复杂、最薄弱的索体与锚具的连接处，是防护最容易出问题的地方。在设计制造时，需要采取可靠的索端密封防护措施，在安装尤其是长期运营状况下，特别注意保护索端的密封结构不受破坏，这是提高斜拉索的耐久性和安全性、延长使用寿命很重要的措施。

6.4.3 斜拉索索端应考虑施工期和运营期的排水、防潮措施。

条文说明

无论在施工期还是运营期，设置可靠的排水、防潮措施都很重要，通常设置外防护罩、下端锚垫板排水槽等。

6.4.4 桥面以上的斜拉索应设置有效防护，其竖向防护高度应不小于 2.5m。

条文说明

为了防止斜拉索受到人为或车撞损坏，本条规定在桥面以上一定范围内对斜拉索设置有效的防护措施。

6.4.5 斜拉索索端宜根据需要设置内置式减振装置或外置式阻尼器。

条文说明

振动尤其是过大的振动易导致斜拉索的疲劳和防护结构的破坏，影响其安全使用寿命。斜拉索抗风雨振逐渐引起了人们的关注。一般桥梁预埋管内设置内置式减振装置就可以起到减振效果。在大型斜拉桥或在多风多雨特殊地区，通常设内置式减振装置和外置式阻尼器。

6.4.6 平行钢丝斜拉索应满足下列要求：
1 平行钢丝斜拉索设计应符合现行《斜拉桥用热挤聚乙烯高强钢丝拉索》（GB/T 18365）及《大跨度斜拉桥平行钢丝拉索》（JT/T 775）的要求。
2 平行钢丝斜拉索锚具宜采用冷铸锚，锚具外表面应进行防护处理。

条文说明

现行《斜拉桥用热挤聚乙烯高强钢丝拉索》（GB/T 18365）对斜拉桥用高强钢丝斜拉索的规格型号、技术要求、试验方法、检验规则等作出了规定。现行《大跨度斜拉桥平行钢丝拉索》（JT/T 775）对大跨径斜拉桥用平行钢丝斜拉索的结构、规格与型号、技术要求等作出了规定。

6.4.7 钢绞线斜拉索应满足下列要求：
1 钢绞线斜拉索的设计应满足现行《斜拉桥钢绞线拉索技术条件》（GB/T 30826）及《无黏结钢绞线斜拉索技术条件》（JT/T 771）的要求。
2 单根钢绞线宜进行镀锌或环氧树脂涂覆等防腐处理，且外包挤黑色高密度聚乙烯护套，整束钢绞线外护套可采用高密度聚乙烯管。
3 钢绞线斜拉索锚具可采用夹片群锚或其他成熟锚具，其结构形式及规格应符合现行《预应力筋用锚具、夹具和连接器》（GB/T 14370）的要求。
4 钢绞线斜拉索锚具宜考虑施工及运营期间的整体张拉要求。

条文说明

现行《斜拉桥钢绞线拉索技术条件》（GB/T 30826）对斜拉桥钢绞线拉索的结构、技术要求、产品验收检查、拉索防腐与防护、拉索安装、拉索更换、拉索的检查等作出了规定。现行《无黏结钢绞线斜拉索技术条件》（JT/T 771）对无黏结钢绞线斜拉索的构造、规格型号、技术要求、试验方法及安装要求作出了规定。

斜拉索中使用的夹片式锚具与工程中通常使用的有黏结预应力夹片式锚具是不同的。用于斜拉索的夹片式锚具通常具备一些特殊的构造功能，如使钢绞线在进入群锚的锚板后穿过一个压板，在索力调整完毕后，将夹片压紧放松。

6.4.8 斜拉索静载试验或疲劳试验应满足现行《斜拉桥用热挤聚乙烯高强钢丝拉索》（GB/T 18365）及《斜拉桥钢绞线拉索技术条件》（GB/T 30826）的要求。

6.5 气动稳定构造措施

6.5.1 当斜拉桥气动稳定性不满足要求时，可采用下列措施：
1 提高结构刚度，包括增加塔梁刚度、采用空间索以及边跨设辅助墩等。
2 索塔、主梁采用能改善空气动力稳定性的截面外形，包括主梁采用带风嘴的流线型截面、主塔进行倒角等。
3 斜拉索外表面可采用风雨振减振措施；设内置或外置式阻尼器；长索间设抑振索等。
4 桥宽与跨径之比不小于1/30。
5 合理设置检修车轨道位置及导流装置，改变栏杆形状。

条文说明

气动稳定性不满足要求时，需要增设抗风稳定措施来改变结构体系的刚度，以提高斜拉桥的临界风速。

提高结构风稳定性的措施是根据国内外的研究成果和设计成功经验选择的，每座桥都有不同的结构形式、刚度、跨径、桥宽和梁高等，所处桥位的风速也不同，要求也不相同。因此需要根据每座桥的具体要求采取相应的措施。

6.6 锚固系统

6.6.1 斜拉索与混凝土主梁的锚固宜采用顶板锚固、箱内锚固、斜隔板锚固、梁体两侧锚固、梁底锚固等形式，如图6.6.1所示。

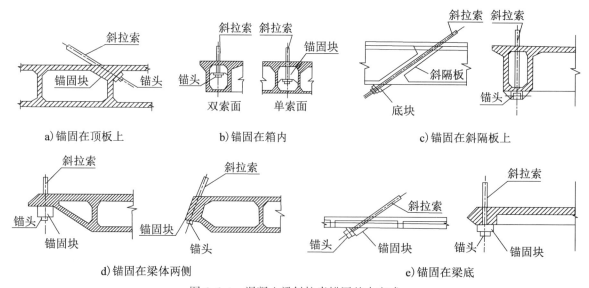

图 6.6.1 混凝土梁斜拉索锚固基本方式

条文说明

斜拉索通常锚固在主梁的顶板、底板或梁高中部，在主梁上需要设置锚固实体构造，否则将无法进行锚固，尤其是混凝土与预应力混凝土斜拉桥。通过刚度很大的实体构造将该处复杂的空间受力进行分散，以获得较小的变形和应力。

6.6.2 混凝土索塔与斜拉索的锚固宜采用侧壁锚固、钢锚梁锚固、交叉锚固、钢锚箱锚固、鞍座式锚固（骑跨式和回转式）等形式，截面形式如图 6.6.2-1～图 6.6.2-6 所示。锚固的基本构造应符合下列规定：

1 实体塔上的交叉锚固，宜在塔柱中埋设钢管，并设置锚垫板。

2 空心塔上的侧壁锚固，应在空心塔柱的壁板内配置预应力钢筋，索塔预应力钢筋的布置应避免出现预应力盲区。

3 钢锚梁锚固，应在混凝土塔柱内侧设置牛腿，牛腿可采用混凝土或钢结构，钢锚梁两端应设置顺桥向和横桥向限位装置。

4 钢锚箱锚固，由锚垫板、承压板、锚腹板、套筒及若干加劲肋构成。钢锚箱用剪力连接键使之与混凝土塔身连接，可采用内置式或外露式。

5 骑跨式鞍座锚固，斜拉索穿过索塔顶部的鞍座后，在索塔两侧对称锚固于主梁上，多用于混凝土部分斜拉桥。鞍座内构造宜采用便于更换拉索的分丝管（图 6.6.2-5）。

6 回转式鞍座锚固，斜拉索穿过环绕在索塔顶部的鞍座后，在索塔同侧对称锚固于主梁的左右两侧上。鞍座内锚固可采用锚固安全系数高的异形分丝管（图 6.6.2-6）。

条文说明

索塔锚固方式有交叉锚固、侧壁锚固、钢锚梁锚固、钢锚箱锚固和鞍座式锚固等。鞍座式索塔锚固区主要应用于混凝土部分斜拉桥，在常规斜拉桥中应用较少。按照锚固区斜拉索钢绞线布置形式的不同，鞍座式索塔锚固分为骑跨式和回转式两种类型。

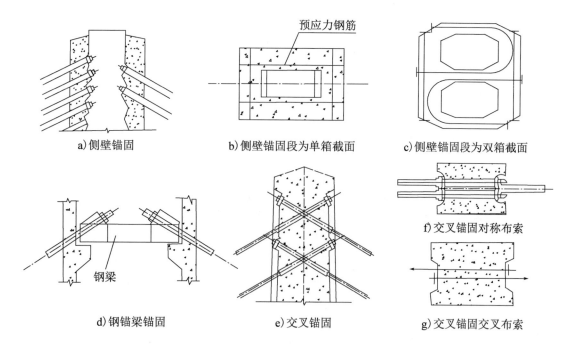

图 6.6.2-1 混凝土索塔锚固基本方式示意

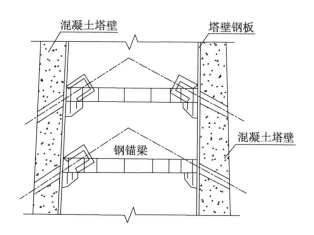

图 6.6.2-2 混凝土索塔钢锚梁锚固示意（采用钢牛腿）

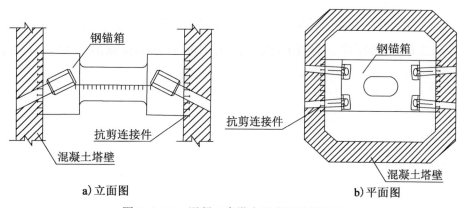

图 6.6.2-3 混凝土索塔内置式钢锚箱锚固

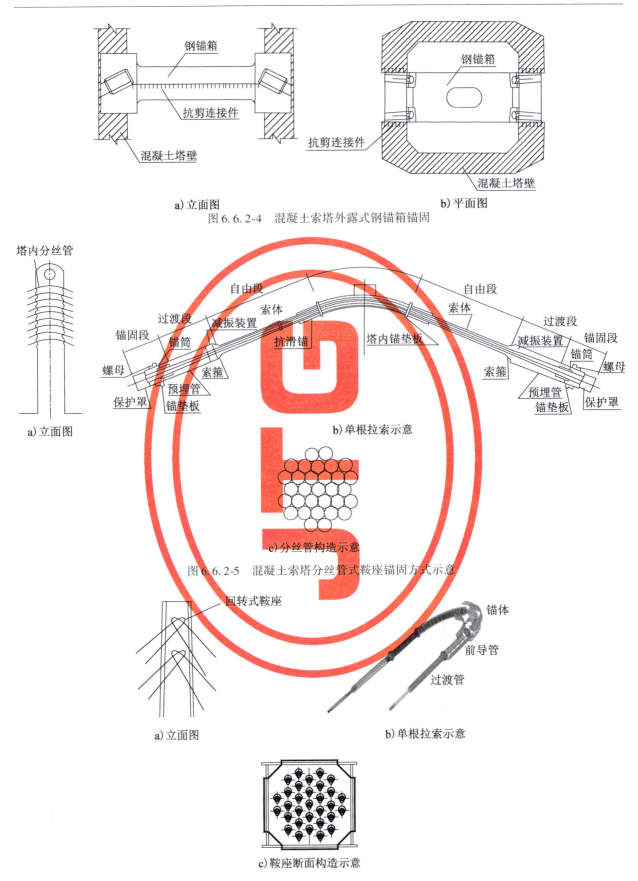

a) 立面图 b) 平面图

图 6.6.2-4 混凝土索塔外露式钢锚箱锚固

图 6.6.2-5 混凝土索塔分丝管式鞍座锚固方式示意

a) 立面图 b) 单根拉索示意

c) 鞍座断面构造示意

图 6.6.2-6 回转式鞍座锚固构造示意

（1）交叉锚固是塔两侧拉索交叉通过主塔塔柱轴线后锚固在塔柱的实心段上，利用塔壁上的锯齿凹槽或锯齿凸槽形牛腿来锚固拉索。多用于早期的中小跨径斜拉桥，现已较少采用。

（2）侧壁锚固（施加环向预应力锚固）即直接将拉索锚固在混凝土索塔内壁的齿板上，在锚固区施加环向预应力，以克服塔壁内产生的拉应力。采用此结构形式的斜拉桥有南京八卦洲长江大桥、军山长江大桥等。

（3）钢锚梁锚固是将锚固钢横梁置于混凝土索塔内壁的牛腿上，斜拉索锚固在钢横梁两端的锚固梁上，两端的刚性支承可在顺桥向、横桥向做微小的移动和转动。采用此结构形式的斜拉桥有Amtacie桥、南浦大桥等。这种锚固形式受力明确，能够减小塔壁承受的水平力，且温度引起的约束力较小，能有效减少水平裂缝，使索塔锚固安全可靠。

以往的结构设计中都倾向于将钢锚梁搁置在混凝土牛腿顶面的聚四氟乙烯板上，金塘大桥首次提出了新的钢锚梁-钢牛腿的组合锚固结构形式（图6-1）。这种新型组合锚固结构既能适用于空间索面斜拉索又能给施工带来便利。自金塘大桥之后，荆岳大桥、赤石大桥、厦漳大桥以及在建的上海沪通长江大桥也采用了类似的结构。

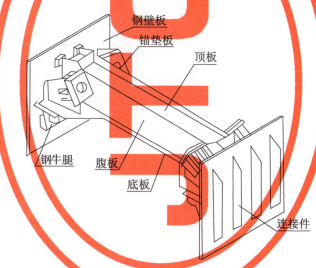

图6-1 钢锚梁-钢牛腿组合结构示意

（4）钢锚箱锚固是将斜拉索锚固在钢锚箱上，钢锚箱通过剪力钉与混凝土索塔连接。斜拉索在索塔上采用钢锚箱锚固是大跨径斜拉桥索塔锚固方式之一，该方法在法国诺曼底大桥和希腊Evripos桥首次使用，目前跨径世界第一的斜拉桥——俄罗斯岛大桥以及中国的杭州湾大桥、苏通长江公路大桥、昂船洲大桥、上海长江大桥等也采用这种锚固方式。将索直接锚固在钢锚箱上，可以很容易地抵抗拉应力，虽然这种锚固方式成本较高，但可减小索塔高空作业强度、加快施工进度、缩短桥梁的建设期、提前通车，是大跨径斜拉桥混凝土塔上斜拉索锚固方式的发展方向。

根据钢锚箱与塔壁的相对位置不同，可以将其分为内置式钢锚箱和外露式钢锚箱两种。

①内置式钢锚箱索塔锚固区用于封闭的箱形结构塔柱，采用这种构造形式的斜拉桥

有厄勒海峡大桥、俄罗斯岛大桥、中国的昂船洲大桥以及苏通长江公路大桥等。

②外露式钢锚箱主要用于分离式主塔，其与内置式钢锚箱受力特性总体上相似，只是为了钢锚箱与混凝土塔壁间连接件的功能可靠，外露式钢锚箱需要用水平环向预应力筋将钢锚箱紧夹在混凝土塔柱的两个分肢之间。法国诺曼底大桥、希腊Rion-Antirion桥、中国杭州湾跨海大桥以及东水门长江大桥采用了这种构造形式。其中，东水门长江大桥的外置式钢锚箱构造示意和剪力钉大样分别见图6-2和图6-3。

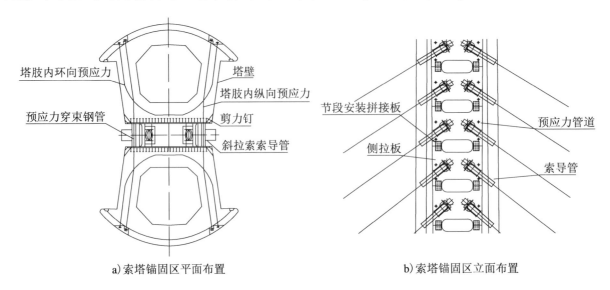

a) 索塔锚固区平面布置　　　　　b) 索塔锚固区立面布置

图6-2　重庆东水门长江大桥外置式钢锚箱示意

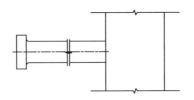

图6-3　重庆东水门长江大桥索塔锚固区剪力钉大样

(5) 骑跨式鞍座索塔锚固区的构造与悬索桥塔顶鞍座的构造类似。按照锚固区斜拉索钢绞线布置形式的不同，可以分为套管式和分丝管式两种类型。

套管式锚固构造简单，可以将塔上索距设置得很小，最大限度地提高拉索使用效率。但由于套管式锚固区难以进行斜拉索的更换，应用较少。

分丝管式鞍座近年来在部分斜拉桥中应用较多，例如中国兰州的小西湖黄河大桥、柳州静兰大桥，韩国Kumga大桥等。分丝管式锚固系统便于斜拉索的更换。另外，当各钢绞线相互分离后，发生小半径弯曲时，分丝管式鞍座锚固能有效地降低弯曲应力，解决大直径斜拉索不能小半径弯曲的问题，使得鞍座式锚固方式可以应用在常规斜拉桥中。

(6) 回转式鞍座索塔锚固区是一种全新的索塔锚固构造形式。该锚固形式的鞍座在索塔中处于斜置状态，拉索穿过桥面一侧锚具，绕过索塔后锚回到桥面同截面另一侧锚具，形成同方向的回转拉索体系，在索塔位置通过斜置的鞍座进行锚固。同方向回转拉索体系可简化索塔锚固区的结构形式，索力以径向压力形式传给索塔。回转式鞍座采用同方向回转方法，鞍座两侧不平衡力由同跨内主梁左右幅的不平衡力产生，将鞍座式锚固应用于常规斜拉桥中可消除部分大跨径桥梁因边中跨索力差过大而无法应用鞍座的限制。

回转式鞍座已成功应用于安徽五河定淮大桥及芜湖长江公路二桥。五河定淮大桥跨径布置为246m+125m，共16对拉索；芜湖长江公路二桥跨径布置为100m+308m+806m+308m+100m，共25对拉索。

6.6.3 斜拉索与钢主梁的锚固宜采用锚箱式、锚拉板式、耳板式，如图6.6.3所示。斜拉索与钢主梁的锚固构造应符合下列要求：

1 锚箱式锚固应设置锚固梁，斜拉索锚固在锚固梁上，锚固梁用焊接或高强螺栓方式与主梁连接。

2 锚拉板式锚固应在主梁顶板或腹板上连接一块厚钢板作为锚拉板，在锚拉板上部开槽，槽口内侧焊接在锚筒外侧，斜拉索锚固于锚筒底部。

3 耳板式锚固应在主梁的腹板上伸出一块耳板，斜拉索通过铰连接在耳板上。

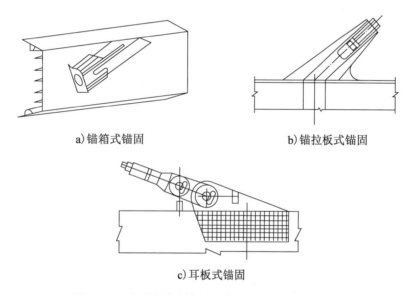

图6.6.3 钢主梁与斜拉索的锚箱式锚固方式示意

6.6.4 斜拉索与钢桁梁的锚固区宜设置在主梁节点处，锚固可分为节点内置式和节点外置式。具体可采用弦杆内置锚箱式、节点板内置锚箱式、双拉板整体锚箱式、双拉板栓焊锚箱式，如图6.6.4所示。

条文说明

钢桁梁斜拉桥索梁锚固形式主要分为节点内置式和节点外置式。

（1）节点内置式包括弦杆内置锚箱和节点板内置锚箱两种。

①采用弦杆内置锚箱式锚固结构时，斜拉索锚固于上弦杆内。该锚固结构多用于主

梁采用三角形的钢桁梁,如郑州黄河大桥和黄冈长江大桥。此种结构由于锚固点位于杆件内部,操作空间狭小,制造及安装都比较困难。黄冈长江大桥的弦杆内置锚箱式索梁锚固构造如图6.6.4a)所示。

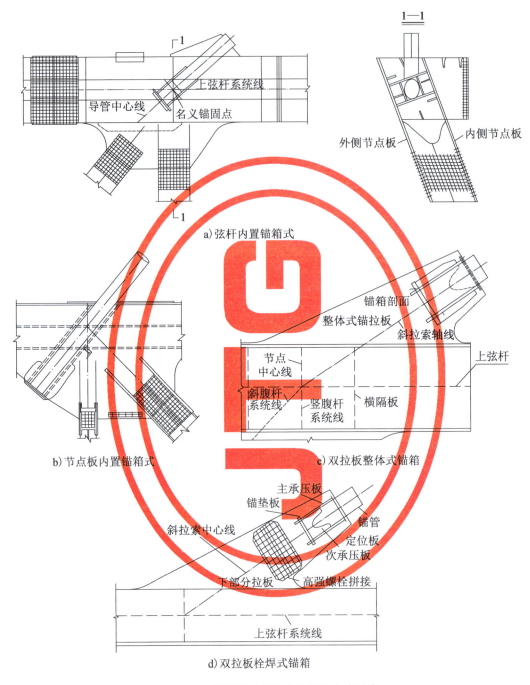

图6.6.4 钢桁梁与斜拉索的锚固方式示意

②节点板内置锚箱式锚固结构的斜拉索锚于节点板内,斜拉索的传力钢板直接焊在杆件节点板上,索力由锚箱与节点板的焊缝承担。将锚箱置于节点板下方的锚固结构多用于主梁采用N形钢桁梁的桥梁,如武汉天兴洲长江大桥、铜陵长江公铁大桥和果子沟大桥。此构造有利于拉索的安装与维护,但节点构造复杂,且由于锚管穿过杆件,会

对截面造成削弱。铜陵长江公铁大桥的索梁锚固构造如图 6.6.4b) 所示。

（2）节点外置式主要有两种形式：双拉板整体式锚箱以及双拉板栓焊式锚箱。采用节点外置式锚固结构时，斜拉索锚于上弦节点顶板之上，需要在上弦顶板节点板对应的位置焊接出锚固拉板，或者将主桁上弦节点两侧节点板直接向上延伸形成锚固拉板。与节点内置式锚固结构相比，节点外置式锚固结构具有构造简单，受力明确，便于制造、安装和后期维护的优点。

①双拉板整体式锚箱锚固结构中拉板为整体结构，在拉板上部焊接承压板形成封闭的箱式结构，拉板下部为与钢梁上弦杆焊接，斜拉索穿过箱内锚管，固定在锚垫板上，如图 6.6.4c) 和图 6-4 所示，上海闵浦大桥采用了这种锚固形式。

图 6-4 双拉板整体式锚箱锚固构造三维图

②双拉板栓焊式锚箱索梁锚固中拉板采用分离式，上部拉板与锚垫板、承压板形成封闭的箱式结构，下部拉板与钢梁弦杆连为一体，上拉板与下拉板通过高强螺栓连接，斜拉索穿过箱内锚管，固定在锚垫板上，如图 6.6.4d) 所示。分离式结构给锚固结构的制造与施工带来了方便。

6.6.5 斜拉索与钢索塔的锚固宜采用鞍座支承式、鞍座锚固式、锚固梁式、支承板式，如图 6.6.5 所示。

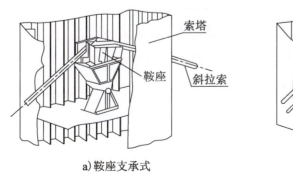

a) 鞍座支承式　　　　　　　　b) 鞍座锚固式

图 6.6.5

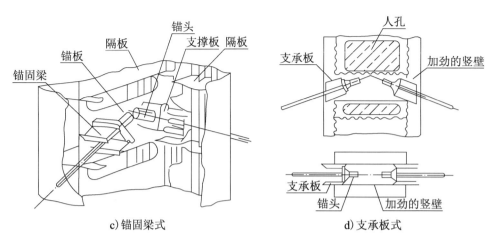

图 6.6.5 斜拉索与钢索塔的锚固方式示意

6.6.6 斜拉索锚固区构造应符合下列规定：

1 在混凝土主梁上应设置锚固段实体构造；锚固区内的构件截面尺寸应满足设置穿索管道及锚下垫板的需要；锚下局部区段内应增设加强钢筋网或螺旋钢筋。其构造与配筋设计应满足现行《公路钢筋混凝土及预应力混凝土桥涵设计规范》（JTG 3362）的要求。

2 钢主梁上斜拉索锚固区的各构件之间应连接可靠，各构件的最小厚度应不小于10mm。

3 锚下钢垫板尺寸应根据张拉吨位、张拉机具大小和锚具形式等确定，厚度不宜小于20mm，斜拉索锚管的最小壁厚不应小于10mm。

4 斜拉索锚管和锚下钢垫板之间应采用加强板加强。

5 索塔锚固区斜拉索的间距，除应满足计算高度要求之外，还应保证张拉及调索的空间，满足孔洞、管道及千斤顶行程与移动需要的高度要求。

6 索塔锚固区环向预应力筋曲率半径不宜小于1.5m。

条文说明

在锚固区，需要加强箍筋及纵向钢筋的配置，并在锚下设置多层钢筋网或采取其他措施以承受和分散锚下局部应力。

锚下钢垫板厚度根据张拉吨位及锚具形式等确定。在垫板下反力图形简化为等效均布反力，要求压力分布的扩散角为45°时，垫板尺寸有相应的要求，本条提出厚度不宜小于20mm，是参考现行《公路钢筋混凝土及预应力混凝土桥涵设计规范》（JTG 3362）的最小垫板厚度和近年来主梁采用强度等级较高的混凝土以及主梁纵向采用大吨位预应力的实际情况确定的。

当斜拉索与混凝土主塔采用钢锚箱进行锚固时，钢锚箱在制作时要保证尺寸准确，在与斜拉索通过的管道一起安装时要保证空间位置的准确性，使安装完成后的管道中线与斜拉索中线一致，锚板端面与斜拉索中线相垂直。

锚箱厚度不能太小，避免钢板因焊接热应力产生翘曲变形，不采用10mm以下的钢板。

斜拉索锚固区的局部范围内，由于斜拉索具有很大的集中力，孔洞削弱，局部受力及应力集中现象产生，相邻锚固点之间需要留有一定距离，并防止应力重叠，影响斜拉桥整体安全。另外，穿索及张拉都需要有一定的操作空间，因此综合考虑结构受力、构造及施工工艺要求，在斜拉索锚固区边缘外留有富余尺寸。

因索塔尺寸的限制，环形预应力筋通常为小曲率半径的预应力束，难以满足《公路钢筋混凝土及预应力混凝土桥涵设计规范》（JTG 3362—2018）第9.4.10条关于预应力筋曲线半径的规定，在该规范的条文说明中同时也提出："对于特殊的管道和预应力钢筋，如斜拉桥桥塔内围箍用的半圆形预应力钢筋，其半径在1.5m左右，由于采用特殊措施，可以不受此限。"调研结果表明，我国已建成的部分斜拉桥中，索塔锚固区采用预应力束的曲率半径均在1.5m左右。曲率半径减小会引起预应力损失增大，因此综合国内已建成桥梁的实际情况，建议环形预应力筋的曲率半径不小于1.5m。

6.6.7 塔（墩）梁分离的斜拉桥主梁采用悬臂施工时，应采取措施对塔（墩）梁进行临时固结，待主桥合龙后拆除。当悬臂较大时，可设置临时墩来减小不平衡荷载对塔（墩）梁的影响。

条文说明

在斜拉桥主梁悬臂施工过程中，索塔两侧的梁体因自重荷载、临时荷载或出现落梁工况等原因导致荷载不平衡从而产生一定的倾覆力矩，且两侧不对称斜拉索张拉力或风载等亦会对主梁产生一定的水平或纵向推力。当飘浮体系的斜拉桥主梁采用悬臂法施工时，为确保结构在施工阶段的安全，需采取适当的措施进行塔梁临时锚固，待主桥合龙后拆除。

目前，国内外常用的斜拉桥塔梁临时锚固方法有以下四种：

（1）传统的锚固方案，沿纵桥向布置两排临时固结，每排临时固结横桥向布置多个支撑点，如图6-5a）所示。为了平衡施工过程中临时固结两侧主梁内的轴力，一排临时固结仅对主梁提供竖向约束，另一排临时固结同时对主梁起到竖向和横向约束。南京大胜关长江大桥就是采用该种锚固方式。

（2）为了抵抗极限横风的作用，减小临时锚固构造所受的剪力，在传统锚固方案的基础上，在主梁两侧加设横向抗风支座，如图6-5b）所示。横向抗风支座通常采用在主梁两侧安装钢管的形式。

（3）为了减小临时固结处由边中跨索力不对称、边中跨主梁梁段重力不同以及纵坡等产生的较大剪力，降低临时固结在施工和拆除时的风险，苏通长江公路大桥采用了柔性连接的临时锚固形式，如图6-6和图6-7所示。零号块主梁在竖向通过索体临时锚固在索塔下横梁的临时支撑上，纵向约束由设置在梁底和索塔横梁的预应力拉索提供，在横向采用索塔与主梁之间设置抗风支座的方法约束，该种柔性临时锚固的示意如图6-8所示。中朝鸭绿江大桥也采用了类似的柔性临时锚固形式。

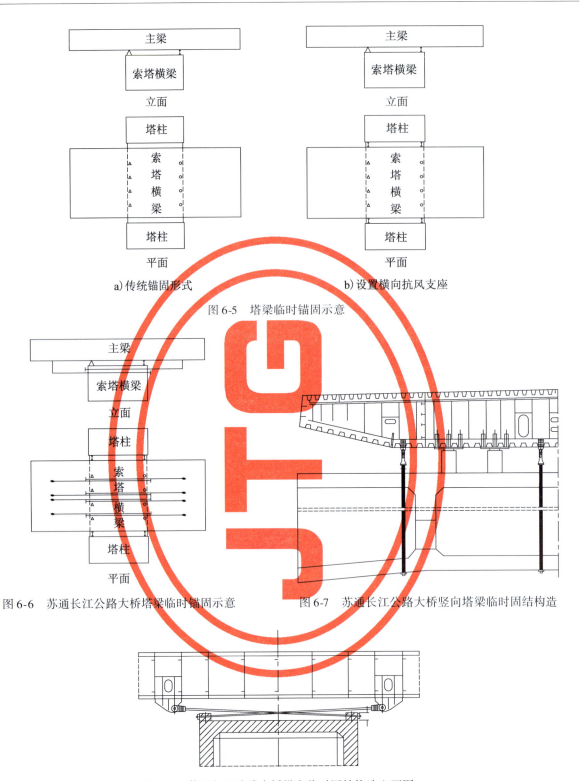

图 6-5 塔梁临时锚固示意

图 6-6 苏通长江公路大桥塔梁临时锚固示意　　图 6-7 苏通长江公路大桥竖向塔梁临时固结构造

图 6-8 苏通长江公路大桥纵向临时固结构造立面图

（4）当索塔为无横梁的结构形式时，通常采用竖向临时锚固与临时支架相结合的方案，将锚固立柱支承于承台上。为了控制锚固立柱的变形，可对其施加预应力，该方法称为预加载自平衡锚固法。采用分离式钢箱梁人字形主塔的上海长江大桥就采用了这种临时锚固形式。

6.7 附属工程构造

6.7.1 主梁桥面铺装可采用沥青混凝土或水泥混凝土，应设置防水层，并应满足下列要求：

1 钢梁桥面铺装可采用环氧沥青混凝土、浇注式沥青混凝土、改性沥青 SMA、密级配改性沥青混凝土或其他满足使用要求的材料。钢桥面铺装的各项性能应符合现行《公路钢桥面铺装设计与施工技术规范》（JTG/T 3364-02）的规定。

2 混凝土梁桥面铺装可采用沥青混凝土、钢筋混凝土、防渗钢筋混凝土、纤维钢筋混凝土，混凝土强度等级不应低于 C40。

6.7.2 斜拉桥应合理选择支座类型和限位装置，承受正负反力的支座应进行特殊设计。支座处应预留更换时放置千斤顶的空间，并应满足局部承压要求。

条文说明

大跨径斜拉桥设计反力较大，要求支座允许的位移和转角也大，以便适应梁体由于制动力、温度变化、混凝土收缩、徐变及荷载作用等引起的变形需要。

飘浮体系的主梁除两端有支承外，其余全部用斜拉索悬吊，不能对主梁提供有效的横向支承，在索塔及两边跨支座处设横向限位装置，可以限制主梁的横向位移，并能使主梁在横向形成较为柔性的约束。

在更换支座时，需要在墩、台帽处预留出放置千斤顶的位置和必需的操作空间。

6.7.3 应根据桥梁伸缩量，按现行《公路桥梁伸缩装置通用技术条件》（JT/T 327）的要求选择伸缩装置。伸缩装置锚固部分宜采用高性能混凝土，混凝土强度等级不得低于 C40，并做好接缝处理。

6.7.4 斜拉桥应结合地震、风和汽车制动等动力荷载，根据需要合理选择阻尼器参数和类型。阻尼器可布置在主梁与索塔、主梁与过渡墩或辅助墩连接处。阻尼器安装位置处应设置相应的预埋装置，并对结构进行局部加强。

条文说明

大跨径斜拉桥设计往往由地震、风、制动力等动力荷载控制，当梁与塔之间设置阻尼器后，将有效改善桥梁在地震、风荷载等作用下的塔底弯矩与主梁位移。

6.7.5 斜拉桥主梁、索塔为封闭式钢结构时，宜设置内部抽湿系统。

6.7.6 斜拉桥设计应满足下列防雷、航空、航道的要求：

1 应按现行《大型桥梁防雷设计规范》（QX/T 330）的相关规定设置防雷设施。

2 根据航空管理的要求，必要时应根据现行《航空障碍灯》（MH/T 6012）设置航空障碍标志灯。

3 有通航要求时，通航孔处应按航道部门要求和现行《内河助航标志》（GB 5863）设置桥涵标、导航装置。

6.7.7 斜拉桥应设置检修设施，主梁、主塔、辅助墩以及交界桥墩宜设置检查平台、通道、围栏、扶梯、内照明、人口井盖等专门供检查和养护用的设施。特大桥、大桥宜配置检修车。

7 结构分析计算

7.1 一般规定

7.1.1 斜拉桥应进行结构的静力分析、稳定分析和动力分析，施工阶段和成桥状态下结构的强度、刚度和稳定性应满足要求。

条文说明

在设计阶段，斜拉桥结构的主要分析和计算内容见表7-1。

表7-1 斜拉桥结构分析计算内容

项 目	分 析 内 容	计 算 内 容
成桥状态静力分析	基于设计成桥状态，分析在永久作用和可变作用下主要构件的最不利内力、应力和变形	检验基础、索塔、桥墩、主梁、斜拉索和支承连接装置的承载力
		检验主梁的挠度、支承连接装置的位移
	在永久作用和可变作用下，斜拉桥典型应力扰动区的受力情况	检验索塔与横梁连接区、索塔与主梁连接区、索塔的锚固部位、主梁的锚固部位等应力扰动区的承载力
施工阶段静力分析	在永久作用和施工荷载作用下，主要构件的最不利内力和应力	检验基础、索塔、桥墩、主梁、斜拉索和支撑连接装置的承载力
	在永久作用和施工荷载作用下，斜拉桥典型应力扰动区的受力情况	检验索塔与横梁连接区、索塔与主梁连接区、索塔的锚固部位、主梁的锚固部位等应力扰动区的承载力
稳定分析	在永久作用和可变作用下，斜拉桥的整体稳定和局部稳定	检验结构的稳定性系数
	在永久作用和施工荷载作用下，斜拉桥的整体稳定和局部稳定	检验结构的稳定性系数
动力分析	在地震作用下结构的内力和变形	检验基础、索塔、桥墩和支撑连接装置的承载力、延性性能和变形性能
	在风荷载作用下结构的静力及动力响应	检验斜拉桥的空气动力稳定性、斜拉索的风振和风雨振性能
	在船舶撞击作用下结构的内力、变形	检验基础、索塔和桥墩的承载力

7.1.2 斜拉桥的结构计算模型、几何特性、边界条件应反映实际结构状况和受力特征，并应符合下列规定：

1 斜拉桥结构的总体静力分析、局部静力分析、稳定分析和动力分析宜采用空间结构计算模型。

2 在方案设计阶段，总体静力分析可采用平面杆系计算模型，并应考虑下列因素：

1）荷载横向分布；

2）空间斜拉索体系简化为平面索体系的索力换算；

3）拉索锚固点与主梁（索塔）形心位置不同时，宜考虑拉索偏心对主梁（索塔）受力的影响。

3 进行局部静力分析时，计算区域应满足圣维南原理。

条文说明

现代斜拉桥是高次超静定体系，其结构是逐步形成的，结构的作用效应具有历时性，因此，结构计算图式、几何特性、边界条件等的正确描述与结构分析计算结果的正确与否关系十分密切。

（1）现代斜拉桥具有桥面宽、跨径大、空间柔性的特点，平面内的分析不能完全反映桥梁的动力和稳定等的真实性，对于梁板式（肋板式、边主梁式）主梁或扁平箱梁主梁更是如此。研究表明，斜拉桥的动力问题、稳定问题不是单方面的面内或面外的问题，一般都是面内、面外和扭转耦合问题。因而，强调动力分析和稳定分析宜采用空间结构计算模型，同时考虑空间布索、结构扭转、活载偏载、横向风载、不对称空间索力调整及支座不均匀变位等因素。

（2）在方案设计阶段，总体静力分析主要反映斜拉桥结构的受力特点，正确反映各重要工况下的结构特性及荷载状况。如结构形成、体系转换、斜拉索张拉和索力调整、偶然作用等可以采用平面杆系模型，我国大量斜拉桥设计实践证明该方法是可行的。当采用平面杆系模型计算时，要考虑荷载横向分布的影响。当空间索体系（如A形塔、倒Y形塔、钻石形塔等）简化为平面索体系进行计算时，简化后平面索体系的作用效应为空间索体系作用效应的平面分量，需要修正与实际情况的差异。

（3）按照圣维南原理，边界条件施加位置需要尽量远离计算分析所关注的部位，以避免边界对计算结果产生较大的影响。

7.2 成桥状态静力分析

7.2.1 斜拉桥结构的总体静力分析应符合下列规定：

1 斜拉桥结构分析宜计入几何非线性的影响，考虑斜拉索垂度效应、P-Δ 效应、大位移效应。计算作用效应时，斜拉索垂度效应必须计入，可采用式（7.2.1）斜拉索换算弹性模量的方法或柔索单元直接模拟的方法。

$$E = \frac{E_0}{1 + \frac{(\gamma S\cos\alpha)^2}{12\sigma^3}E_0}$$ (7.2.1)

式中：E——考虑垂度影响的斜拉索换算弹性模量（MPa）；

E_0——斜拉索钢材弹性模量（MPa）；

γ——斜拉索单位体积重力（kN/m³），取每米斜拉索及防护结构重力除以斜拉索面积（m²）；

S——斜拉索长度（m）；

α——斜拉索与水平线的夹角（°）；

σ——斜拉索应力（kPa）。

2 斜拉桥结构分析宜考虑基础变位对结构的影响。当有限元模型将基础与其他结构按施工形成过程一并考虑时，应计入桥墩、索塔施工偏心对基础的影响和桥梁横向荷载对基础的影响。当基础单独分析时，除应计入桥墩、索塔施工偏心和桥梁横向荷载的影响外，还应计入上部结构产生效应后对基础产生的二次效应。

3 对风荷载等横向荷载，索塔分析可采用平面框架模型。

4 主梁为箱形结构时，应考虑扭转翘曲影响。主梁为组合结构时，应考虑主梁的两种材料不一致而引起的结构内力重分配。

5 斜拉桥的混凝土梁、组合梁、混合梁、混凝土索塔应按施工过程并根据现行《公路钢筋混凝土及预应力混凝土桥涵设计规范》（JTG 3362）的规定计算混凝土收缩、徐变效应。

条文说明

结构计算原则本来是结构力学简化的内容，考虑到其对斜拉桥设计的重要性，仍在此强调。

（1）斜拉桥的几何非线性影响来源于三个方面：①斜拉索的垂度效应；②主梁或索塔在巨大的轴压力作用下的 P-Δ 效应；③结构的大位移效应。

斜拉索垂度效应对结构的非线性影响较大，不论跨径大小，均需要考虑这项修正。本条采用 Ernst 切线模量公式来计算斜拉索非线性分析的修正弹性模量 E。修正值与拉索的应力有关，在应用时要注意两点：一是斜拉索的使用应力不能过低，以降低它对结构的非线性影响；二是修正值随施工过程变化而变化，随结构上的荷载变化而变化，在整个仿真计算过程中要不断改变修正值。Ernst 在分析斜拉索垂度对结构的非线性影响中，对给定的阶段，当考虑外荷载增加引起的索力变化时，在迭代过程中采用下列修正式：

$$E = \frac{E_0}{1 + \frac{(\gamma_T l)^2}{12\sigma_m^2} \frac{(1+\mu)^4}{16\mu^2} E_0}$$ (7-1)

$$\sigma_m = 0.5(\sigma_0 + \sigma_1)$$ (7-2)

$$\mu = \frac{\sigma_0}{\sigma_1} \tag{7-3}$$

$$l = S\cos\alpha \tag{7-4}$$

式中：σ_0——拉索原有应力（kPa）；

σ_1——承受新的荷载后斜拉索的应力（kPa）；

γ_T——斜拉索的换算重度（kN/m³）。

该计算式引自王伯惠编著的《斜拉桥结构发展和中国经验（上册）》。

此外，美国土木工程师学会的暂行规定中，考虑斜拉索垂度时建议按式(7-5)计算修正弹性模量 E_2：

$$E_2 = \frac{E_0}{1 + \frac{(Wl)^2 (T_0 + T_1) AE_0}{24 T_0^2 T_1^2}} \tag{7-5}$$

式中：A——斜拉索的截面面积（cm²）；

T_0——变形前的索力（kN）；

T_1——变形后的索力（kN）；

W——斜拉索单位长度重力（kN/m）。

处理 P-Δ 效应的经典方法是稳定函数法，其核心是引用稳定函数系数对单元线性刚度矩阵系数加以修正来体现弯矩与轴力的耦合效应。结构大位移效应可以用大位移刚度阵或基于 UL 列式（拖动坐标法）的有限位移理论来考虑。

（2）在进行总体静力分析时，高桩承台的基础有效嵌固以上部分需作为墩、塔部分参与桥梁结构整体分析，按施工顺序直到成桥进行模拟计算。从理论上讲，这种方法比较合理，在大跨径桥梁中已普遍采用将群桩基础简化为等效双柱钢架的模拟结构，以回避土-桩的复杂关系；基础有效嵌固部分和低桩承台基础可以与墩、塔分开分析。

由于斜拉桥墩、塔高大，施工误差不可避免，对于基础设计计算来说，主要有两部分需要考虑：一是塔、墩底与基础交接面截面形心不在同一点；二是墩、塔轴线偏差。对于大跨径斜拉桥，主墩、塔传给基础的轴力较大，一般达万吨级，该轴力相对于上述两种偏差，会对基础产生很大的附加力。该附加力引起基础变位，这部分变位对上部结构的影响在大跨径斜拉桥设计计算中不能忽略。

（3）对于横向荷载，索塔通常按平面框架来分析。

（4）与单纯的钢主梁或混凝土主梁相比，组合梁的混凝土桥面板和钢梁材料不同，桥面板存在收缩、徐变，桥面板和钢梁通过剪力键连接，变形相互约束，存在内力重分配；同理，温度作用和后期桥面板预应力压缩也存在内力重分配。设计工程师需根据具体情况考虑这些因素的影响。

（5）斜拉桥是高次超静定体系，其结构是逐步形成的，结构的荷载效应具有历时性，混凝土结构的收缩、徐变效应与结构逐步形成有关。因此，本条强调按实际施工成桥过程仿真计算混凝土收缩、徐变影响效应。

7.2.2 斜拉桥结构的局部静力分析应符合下列规定：

1 塔梁连接区、斜拉索锚固部位及钢-混结合部等受力复杂部位应进行局部分析。

2 局部分析和应力计算宜采用空间有限元方法，其计算模型边界条件应能真实反映实际结构的受力状况。

3 索塔锚固部位配置预应力钢筋时，可按现行《公路钢筋混凝土及预应力混凝土桥涵设计规范》（JTG 3362）的规定，采用拉杆-压杆模型进行锚固部位结构验算。

4 钢梁的索梁锚固部位应进行局部稳定分析和疲劳分析。

条文说明

1 本款所列特殊部位存在应力集中问题，需进行局部分析，并在局部分析中计入结构总体荷载效应的非线性影响。

2 锚固部位应力计算通常采用空间有限元方法。锚固部位受力复杂，应力集中明显，有限元方法是目前锚固部位应力分析广泛采用且行之有效的数值解法，但采用平面有限元方法计算锚固部位应力，难以全面反映锚固部位应力的真实性。对于索力大的重要大型桥梁锚固部位，除采用空间有限元方法进行计算外，建议增加试验验证。

3 配置预应力钢筋的索塔锚固部位是典型的应力扰动区，现行《公路钢筋混凝土及预应力混凝土桥涵设计规范》（JTG 3362）针对应力扰动区补充了拉杆-压杆模型分析方法，配置预应力钢筋的索塔锚固部位可以按现行《公路钢筋混凝土及预应力混凝土桥涵设计规范》（JTG 3362）规定进行配筋设计：

(1) 根据圣维南原理，配筋设计需考虑索塔锚固部位的范围。

(2) 选用荷载路径法、应力迹线法、力流线法、最小应变能准则、最大强度准则等适宜方法构建拉压杆模型。

(3) 根据受力平衡条件，计算拉杆的内力设计值。

(4) 根据拉杆承载力，进行配筋设计。

索塔锚固部位受力分解为竖向受力和水平受力，如图7-1所示。其中竖向受力按图7-2构建拉压杆模型，水平受力根据典型断面的应力分布按照图7-3构建拉压杆模型。

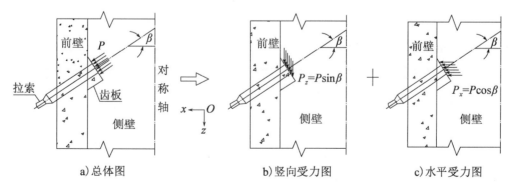

图 7-1 索塔锚固部位受力分解为竖向受力和水平受力

P-斜拉索轴力设计值；P_x-斜拉索轴力水平分量值；P_z-斜拉索轴力竖向分量值；β-斜拉索的水平夹角

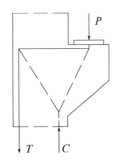 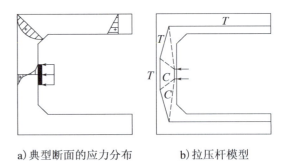

图 7-2 竖向受力侧壁的拉压杆模型　　　　　图 7-3 水平受力侧壁的拉压杆模型
T-拉杆内力设计值；C-压杆内力设计值

4 钢梁的索梁锚固部位受斜拉索锚固力集中作用，其稳定和疲劳问题突出。

7.2.3 确定设计成桥状态时，预应力混凝土梁斜拉桥应计入预应力效应和汽车荷载效应；组合梁斜拉桥应计入桥面板预应力效应和汽车荷载效应；钢箱梁斜拉桥应计入汽车荷载效应。

条文说明

斜拉桥属于高次超静定体系，可以存在多种不同的受力状态，但必然存在较合理的受力状态。设计的首要任务，就是要寻求这种较为合理的受力状态。斜拉桥的设计成桥状态是指成桥时主梁和塔的线形符合设计状态，而且各计算截面弯矩较小、斜拉索受力相对均匀、各斜拉索应力水平大致相同且斜拉索规格品种数量尽量少。

（1）目前，两塔及独塔斜拉桥的设计成桥状态，主要考虑下列四个问题：

①索力分布要尽量均匀。通常短索的索力小、长索的索力大，且呈递增趋势，局部地方允许索力有突变。

②主梁弯矩要在应力允许范围之内，这是混凝土斜拉桥计算的难点与重点。

③索塔弯矩、塔顶偏位不能太大，需综合考虑恒、活载的影响，恒载状态下，塔顶可以在岸侧有一定的预偏。

④边墩和辅助墩支座反力在恒载下要有足够的压力储备，考虑活载作用后仍不出现负反力。

对于多塔斜拉桥，第①、②、④项同样适用，第③项需注意。多塔斜拉桥的边塔在恒载作用下可以向岸侧有一定的预偏，但是其他塔在恒载作用下塔顶不能向任何一方有较大的偏位，且要在一定范围之内，最好趋向于0。

（2）确定设计成桥状态已有很多实用方法，例如刚性支承连续梁法、最小弯曲能量原理法、影响弯矩法、考虑活载效应的分步计算法、内力（或应力）平衡法、最小弯矩法、零初索力法、零支反力法和用索量最小法等。其中，有些方法如刚性支承连续梁法、最小弯曲能量法不能考虑活载效应，此时可与其他方法结合起来，确定设计成桥状态。

混凝土材料自重较大、受拉能力差，混凝土主梁的应力往往成为设计控制因素之一，因此，在确定混凝土梁斜拉桥的设计成桥状态时，需要计入主梁的预应力效应和汽车荷载效应。

7.2.4 斜拉桥主要构件的强度计算应符合下列规定：

1 基础计算应符合现行《公路桥涵地基与基础设计规范》（JTG 3363）的规定。重力式地锚计算应包括抗倾覆、抗滑移，其安全系数应不小于 2.0。

2 索塔和主梁的强度计算应符合下列规定：

1）混凝土索塔和混凝土主梁的强度计算应符合现行《公路钢筋混凝土及预应力混凝土桥涵设计规范》（JTG 3362）的规定。

2）钢索塔、钢主梁和组合结构主梁的强度计算，应符合现行《公路钢结构桥梁设计规范》（JTG D64）的规定。

3 斜拉索的强度计算应符合下列规定：

1）斜拉索的承载力应满足下式要求：

$$\frac{\gamma_0 N_d}{A} \leqslant \phi_d f_d \tag{7.2.4}$$

式中：γ_0——结构重要性系数；

N_d——斜拉索的轴向拉力设计值（N）；

A——斜拉索的截面面积（mm²）；

ϕ_d——斜拉桥的结构体系修正系数，对于部分斜拉桥，$\phi_d=1.5$；对于其余结构体系，$\phi_d=1.0$；

f_d——斜拉索的抗拉强度设计值（MPa），在持久状况下，按本规范第 3.3.1 或 3.3.2 条的规定取值，在短暂状况下，斜拉索的抗拉强度设计值宜提高 25%。

2）斜拉索的疲劳计算应符合现行《公路钢结构桥梁设计规范》（JTG D64）的规定。其中部分斜拉桥斜拉索的疲劳应力幅应控制在 80MPa。

条文说明

本条规定斜拉桥主要构件的强度计算要求。

1 地锚式斜拉桥的地锚计算与一般桥梁基础相比，除有上拔力作用外，并无其他差别，因此，计算内容与其他桥梁基础计算相同。地锚变位要求可参照悬索桥有关规定进行计算。

2 索塔和主梁按照现行《公路钢筋混凝土及预应力混凝土桥涵设计规范》（JTG 3362）或《公路钢结构桥梁设计规范》（JTG D64）的规定，进行承载力计算。

3 原细则规定斜拉索采用容许应力法进行强度计算，本次修订按照现行《公路钢结构桥梁设计规范》（JTG D64）的规定，要求斜拉索进行承载力计算。承载力计算将原细则中的稳定安全系数 K 用结构重要性系数、作用分项系数和材料分项系数综合表达；在恒活载比例为 0.9:0.1~0.7:0.3 时，换算后的稳定安全系数为 2.48~2.56，与原细则的安全水平基本相当。部分斜拉桥以梁受力为主，拉索的贡献相对较小，且应力幅也小，因此，部分斜拉桥的斜拉索考虑结构体系修正系数，取1.5。

短暂状况下强度设计值的提高系数沿用了原细则的规定。现行《公路钢结构桥梁设计规范》（JTG D64）规定了斜拉索疲劳计算的汽车荷载模型和疲劳细节。本次修订不再采用原来200MPa应力幅的习惯做法，疲劳计算方法与现行《公路钢结构桥梁设计规范》（JTG D64）统一。此外，部分斜拉桥的斜拉索受力特性与体外预应力钢束体系类似，其疲劳性能参照《预应力筋用锚具、夹具和连接器》（GB/T 14370—2015）中规定的预应力体系的疲劳荷载性能要求取用，即"当锚固的预应力筋为预应力钢材时，试验应力上限应为预应力筋公称抗拉强度f_{ptk}的65%，疲劳应力幅度不应小于80MPa。"

7.2.5 主梁的刚度计算应符合下列规定：

混凝土梁：
$$f \leqslant l/500 \tag{7.2.5-1}$$

钢梁：
$$f \leqslant l/400 \tag{7.2.5-2}$$

组合梁和混合梁：
$$f \leqslant l/400 \tag{7.2.5-3}$$

式中：f——汽车荷载（不计冲击力）引起的竖向挠度，当汽车荷载作用于一个跨径内，引起该跨径正负挠度时，f取正负挠度绝对值之和；

l——计算跨径。

条文说明

参照多座斜拉桥的挠度取值方法，f取正负挠度绝对值之和。主梁最大竖向挠度限值沿用原细则的规定。

7.2.6 设计预拱度不宜小于主梁混凝土收缩、徐变产生的竖向挠度及1/2汽车荷载产生的竖向挠度之和，并拟合成平顺曲线。

7.2.7 持久状况下，过渡墩和辅助墩的墩顶支承系统应保证斜拉桥结构体系不发生变化。过渡墩和辅助墩支座宜处于受压状态，或设置可靠的抗拔装置。

条文说明

过渡墩和辅助墩墩顶支座脱离正常受压状态，将改变结构受力体系、产生边界非线性效应，这对结构受力状态产生不利影响。一般采用边跨配重，使活载作用下支座受压并具有一定的安全系数。另外，设置具有可靠抵抗上拔能力的支座以提供安全储备。

7.2.8 在更换一根斜拉索和邻近更换斜拉索的车道封闭交通的正常换索工况下，索塔、主梁和斜拉索应满足成桥状态的强度、刚度和稳定性要求。

条文说明

斜拉索脱落对桥梁结构的效应影响较大，本条参照了美国土木工程师协会斜拉桥委员会编《斜拉桥设计指南》（Guidelines for the Design of Cable-stayed Bridges）中第5.5条，提出斜拉索换索工况下的结构性能要求。

7.3 施工阶段静力分析

7.3.1 施工阶段划分及计算应符合下列规定：
1 各施工阶段的计算简图应与施工流程的划分一致。
2 斜拉桥的体系转换计算应考虑下列阶段：
1）施工过程中的临时支座（墩）安装和拆卸；
2）悬臂施工挂篮和合龙施工挂篮的安装和拆卸；
3）临时斜拉索转为永久斜拉索；
4）采用满堂支架施工工艺初次张拉斜拉索；
5）边跨合龙、中跨合龙。
3 斜拉桥的施工阶段不平衡荷载应考虑下列因素：
1）因主梁悬臂两端设计不对称产生的不平衡荷载；
2）因施工工序产生的不平衡荷载；
3）因施工误差产生的不平衡荷载；
4）悬臂施工时悬臂两端的不平衡风荷载。
4 施工阶段应计算斜拉索索力、结构内力、截面应力、支座反力、索塔及主梁变位等。
5 施工阶段构件验算应按现行《公路钢筋混凝土及预应力混凝土桥涵设计规范》（JTG 3362）及《公路钢结构桥梁设计规范》（JTG D64）的有关规定执行。

条文说明

施工阶段划分及计算要求沿用了原细则的规定。

1 由于斜拉桥的结构特性，全桥完成后的受力状态与施工过程有关，因此设计计算阶段不能遗漏主要施工阶段，否则造成施工完成后的结构实际受力状态与设计不符，形成永久性的结构不安全状态。需要让各阶段的计算简图与施工阶段划分一致，使最终完成的结构符合设计预计的受力状态。

2 因体系转换对结构产生的效应是永久效应，本款规定需要对体系转换进行计算，同时规定了体系转换时计算的项目，对本款未规定而在实际中存在的体系转换项目也要进行计算，计算结果按本规范荷载组合的要求进行组合。主梁合龙时要计入温度效应的影响。

合龙施工涉及结构体系转换，合龙施工计算包括两方面的含义：一是合龙温度变化和合龙施工荷载对结构产生的效应，该效应是永久效应，按本规范荷载组合的要求进行组合；二是合龙温度变化和合龙施工荷载对结构合龙施工荷载产生的临时影响，如合龙段两端相对变位、对合龙临时结构的受力影响等，该部分计算需要对合龙段（包括合龙临时结构）进行验算。

3 主梁悬臂施工时，双悬臂的不平衡荷载对结构的内力影响很大，特别是在主梁悬臂施工达到最大悬臂长度时。这种不平衡荷载对结构的内力影响严重时足以使桥梁破坏，因此，本款需对斜拉桥悬臂施工状态进行计算。本款规定了不平衡荷载计算的项目，实际结构不平衡荷载不尽相同，设计时要根据实际结构可能发生的不平衡荷载进行计算，根据荷载效应的性质，按相关规范荷载组合的要求进行组合。

4 为准确地控制整个施工过程，需要将各施工阶段出现的荷载不遗漏地纳入计算，同时将各阶段产生的内力、应力、索力及位移计算结果列出，以便在施工过程中进行检查核对。

关于施工过程中因温度变化而对结构产生的影响问题，设计计算中不予考虑，而在施工过程中由施工控制得出结果。原因是，施工过程历时较长，设计计算时不可能预测每个施工阶段将发生的温度变化，每个施工阶段产生的温度变化对结构的影响实际上还得在施工控制中加以考虑。需要注意的是，这里所述的施工过程中因温度变化而对结构产生的影响问题，是指结构合龙前由于各悬臂施工阶段的温度变化而对结构产生的影响问题。

对悬臂拼装施工的桥梁，在安排施工工期时尽量将悬臂施工阶段安排在接近合龙温度且温度变化不大的季节里，这样可以减少温度变化对悬臂施工的影响。

7.3.2 在斜拉桥施工过程中，可在不影响通航的范围内设置临时墩。临时墩参与施工过程中的结构计算。设在有漂浮物的河流中的临时墩应考虑漂浮物的撞击影响。

条文说明

主梁悬臂施工时，双悬臂的不平衡荷载（包括恒载和风载）对结构产生不利影响，这种不利影响会影响桥梁在施工中的安全，严重时足以使桥梁破坏。根据我国已建斜拉桥的成功经验，设临时墩是解决这种不利影响的最佳办法。因此，本条文强调在施工桥位条件允许的情况下可设临时墩，但要进行体系转换计算。

7.3.3 斜拉桥的墩梁临时锚固应满足最大双悬臂状态和最大单悬臂状态的受力要求，宜考虑下列工况：

1 最大竖向不平衡受力工况：主梁不平衡荷载 + 不对称风荷载。
2 最大纵向不平衡受力工况：索塔两侧不对称的斜拉索张拉力 + 纵向风荷载。
3 最大横向受力工况：索塔两侧对称横向风荷载作用。

4 最大横向不平衡受力工况：索塔两侧不对称横向风荷载作用。

条文说明

斜拉桥主梁采用悬臂法施工时，为确保施工阶段的结构安全，一般采用适当的措施进行塔梁的临时锚固。

在斜拉桥主梁悬臂施工过程中，索塔两侧的梁体因结构自重、临时荷载或出现落梁工况等原因导致荷载不平衡从而产生一定的倾覆力矩，且两侧不对称斜拉索张拉力或风荷载等亦会使主梁产生一定的水平或纵向推力。

7.4 静力稳定分析

7.4.1 斜拉桥的静力稳定分析应包括整体稳定分析和局部稳定分析，稳定分析应涵盖主要体系转换过程和主要作用组合。

条文说明

斜拉桥的墩、塔、梁承受巨大的轴力和弯矩，在施工阶段和成桥状态可能会出现结构失稳现象。此条所说的稳定仅指静载稳定，抗风稳定另有所述。稳定分析需要涵盖主要体系转换过程和主要作用组合，并需要结合具体情况进行弹性稳定分析和弹塑性稳定分析。施工阶段取结构体系和边界条件发生变化的关键施工阶段，进行弹性稳定分析和弹塑性稳定分析，作用组合取恒载、施工活荷载、静风荷载等荷载作用组合，见表 7-2。成桥状态作用组合取恒载、温度荷载、活荷载、静风荷载等荷载作用组合，见表 7-3。

表 7-2 典型斜拉桥的施工阶段稳定分析

桥 名	施工阶段	荷 载 描 述
苏通长江公路大桥	裸塔	恒载作用
		恒载作用 + 横桥向风荷载作用（35.4m/s）
		恒载作用 + 顺桥向风荷载作用（35.4m/s）
	最大双悬臂	恒载作用
		恒载作用 + 横桥向风荷载作用（35.4m/s）
		恒载作用 + 顺桥向风荷载作用（35.4m/s）
	最大单悬臂	恒载作用
		恒载作用 + 横桥向风荷载作用（35.4m/s）
		恒载作用 + 顺桥向风荷载作用（35.4m/s）
重庆双碑嘉陵江大桥	最大双悬臂	恒载作用 + 风荷载作用（27.5m/s）
	最大单悬臂	恒载作用 + 风荷载作用（27.5m/s）
北盘江第一桥	最大单悬臂	恒载 + 风荷载 + 边跨自重（-5%）+ 中跨自重（+5%）+ 挂篮

表7-2（续）

桥 名	施工阶段	荷 载 描 述
北盘江第一桥	最大单悬臂	恒载+风荷载+边跨自重（-5%）+中跨自重（+5%）+挂篮（冲击系数取2）
重庆江津观音岩长江大桥	最大双悬臂	恒载+风荷载+施工荷载
	最大单悬臂	恒载+风荷载+施工荷载
九江长江公路大桥	裸塔	恒载+风荷载+施工荷载
	最大单悬臂	恒载+风荷载+施工荷载
鄂东长江大桥	裸塔	恒载+风荷载+施工荷载
	最大单悬臂	恒载+风荷载+施工荷载
厦漳大桥	最大单悬臂	恒载+风荷载+施工荷载

表7-3 典型斜拉桥的成桥状态稳定分析

桥 名	计算工况	荷 载 描 述
苏通长江公路大桥	成桥状态	恒载作用
		恒载作用+横桥向风荷载作用（38.9m/s）
		恒载作用+顺桥向风荷载作用（38.9m/s）
	全桥满布公路—I级汽车荷载	恒载作用+汽车
		恒载作用+汽车+横桥向风荷载作用（25m/s）
		恒载作用+汽车+顺桥向风荷载作用（25m/s）
	半桥满布公路—I级汽车荷载	恒载作用+汽车
		恒载作用+汽车+横桥向风荷载作用（25m/s）
		恒载作用+汽车+顺桥向风荷载作用（25m/s）
	全桥半跨宽满布公路—I级汽车荷载	恒载作用+汽车
		恒载作用+汽车+横桥向风荷载作用（25m/s）
		恒载作用+汽车+顺桥向风荷载作用（25m/s）
	边跨满布公路—I级汽车荷载	恒载作用+汽车
		恒载作用+汽车+横桥向风荷载作用（25m/s）
		恒载作用+汽车+顺桥向风荷载作用（25m/s）
	中跨满布公路—I级汽车荷载	恒载作用+汽车
		恒载作用+汽车+横桥向风荷载作用（25m/s）
		恒载作用+汽车+顺桥向风荷载作用（25m/s）
重庆双碑嘉陵江大桥	成桥状态	恒载+风荷载
		恒载+汽车+风荷载
九江长江公路大桥	成桥状态	恒载+风荷载
		恒载+风荷载+人群荷载
		恒载+风荷载+人群荷载+中跨满布汽车

表 7-3（续）

桥　名	计算工况	荷载描述
九江长江公路大桥	成桥状态	恒载 + 风荷载 + 满布汽车
		恒载 + 风荷载 + 满布汽车 + 人群

7.4.2 斜拉桥的整体稳定分析应符合下列规定：

1 斜拉桥整体稳定分析，应计入斜拉索垂度的影响。

2 斜拉桥结构体系第一类稳定，即弹性屈曲的结构稳定安全系数应不小于4；第二类稳定，即计入材料非线性影响的弹塑性强度稳定的安全系数，混凝土主梁应不小于2.50，钢主梁应不小于1.75。

条文说明

国内外对斜拉桥稳定多数定义为：K = 极限荷载/设计荷载，K 称为稳定安全系数（见梁硕等，《土木工程学报》第34卷第5期 P45~51：肋板结构主梁混凝土斜拉桥相关屈曲极限承载力空间分析），设计荷载取永久作用与可变作用的作用组合，按其定义，斜拉桥稳定可归结为结构承载能力。斜拉桥稳定分析较为复杂，一些研究表明，由于斜拉桥结构复杂，受力也并非对称（斜拉桥结构整体失稳很难说是面内失稳还是面外失稳），因此，无法确定是面内失稳还是面外失稳控制斜拉桥设计。葛耀君教授在以上海恒丰北路斜拉桥为例的论文（《华东公路》1991年第5期：单索面斜拉桥侧倾稳定分析；《东北公路》1990年第4期：斜张桥平面内的稳定分析；《中国公路学报》1995年第4期：索-塔-梁耦合作用下的斜拉桥侧倾稳定研究）中给出不同的稳定系数也说明了这一点。在斜拉桥稳定分析研究中，都是对特定桥的稳定性分析和计算方法的研究，没有给出斜拉桥结构的统一安全稳定系数，按斜拉桥稳定可归结为结构承载能力的定义，结构非线性稳定安全系数与强度安全系数是一致的（见卜一之等，《桥梁建设》2001年第5期：大跨度钢管混凝土拱桥非线性分析）。在众多研究中，结构线性稳定安全系数都较大，而结构非线性稳定安全系数都较小，如重庆大佛寺长江大桥为主跨450m 的双塔预应力混凝土斜拉桥，成桥状态结构线性稳定安全系数为12.4，成桥状态结构非线性稳定安全系数为3.7；岳阳洞庭湖大桥为三塔预应力混凝土斜拉桥，成桥状态（全桥均布偏载）结构非线性稳定安全系数为1.75；黄山太平湖大桥为独塔预应力混凝土斜拉桥，跨径为 2×190m，成桥状态结构非线性稳定安全系数为2.4，施工结构非线性稳定安全系数为2.2；在京沪高速铁路上的元越江工程南京长江大桥方案，主跨488m，三塔 PC 箱-钢桁叠合梁，在不同的工况下，结构线性稳定安全系数为4.7~8.0，结构非线性稳定安全系数为1.7~2.3。南京大胜关长江大桥、南京八卦洲长江大桥、湖北军山长江大桥结构非线性稳定安全系数为1.75，苏通长江公路大桥结构非线性稳定安全系数为1.80。

本条提出了两个系数，对于第一类稳定，即弹性屈曲，其稳定安全系数应大于或等于4。对于第二类稳定，即计入材料非线性影响的稳定，通常表现为强度稳定，索的强度安全系数为2.5，因此对其他主要构件，其稳定安全系数也规定为2.5。将稳定安全系数规定为更大时，索已破坏，该值就显得毫无意义。从上述一些桥的稳定安全系数来看，不少桥的稳定安全系数均小于2.5，但至今仍安全运营。本条规定混凝土主梁第二类稳定安全系数不小于2.5，是足够安全的。而钢主梁斜拉桥则根据国内建设的实际情况，规定其第二类稳定安全系数不小于1.75，也是安全的。

7.4.3 斜拉桥的局部稳定分析应符合下列规定：

1 钢主梁、钢索塔的受压板件局部稳定验算应符合现行《公路钢结构桥梁设计规范》（JTG D64）的规定。

2 组合梁的混凝土桥面板稳定应力验算应计入桥面板局部荷载引起的应力。

7.5 动力分析

7.5.1 斜拉桥的结构动力特性计算应分析斜拉桥的自振特性——振型和频率。结构计算模式应正确反映桥梁质量、刚度的实际分布，并计入非线性影响。

条文说明

斜拉桥结构的动力特点反映了斜拉桥的刚度指标。斜拉桥结构一般较柔，在地震、风和车辆等动荷载作用下，必然会发生震动，轻则影响行车、行人，严重时则使桥梁破坏。斜拉桥结构的抗震、抗风设计计算，一般都要进行斜拉桥结构的动力模态（振型、频率）分析。此外，带有行人道的斜拉桥，需要尽可能使设计的斜拉桥结构频率避开人感频率。

本条强调了采用计算模型的正确性。结构计算模型的质量分布、刚度取值对动力响应影响显著，力求反映工程实际。如采用高桩承台，计算模型需要计入承台质量。

7.5.2 斜拉桥的抗震设计应符合下列规定：

1 斜拉桥的抗震设计应采用图7.5.2的抗震分析流程。

2 斜拉桥的抗震设计应采用基于性能的两水准抗震设防方法，其抗震性能目标应符合表7.5.2-1的规定，有特殊要求时应进行专题研究。

表7.5.2-1 斜拉桥的抗震设防目标

构　件	E1 地震作用		E2 地震作用	
	震后使用要求	损伤状态	震后使用要求	损伤状态
基础	可正常使用	结构总体反应在弹性范围，基本无损伤	无须修复可正常使用	可发生局部轻微损伤

表 7.5.2-1（续）

构　件	E1 地震作用		E2 地震作用	
	震后使用要求	损伤状态	震后使用要求	损伤状态
辅助墩、过渡墩	可正常使用	结构总体反应在弹性范围，基本无损伤	经简单修复可正常使用	可发生局部轻微损伤
索塔	可正常使用	结构总体反应在弹性范围，基本无损伤	经简单修复可正常使用	可发生局部轻微损伤
主梁、斜拉索	可正常使用	结构总体反应在弹性范围，基本无损伤	无须修复可正常使用	可发生局部轻微损伤
支承连接装置	可正常使用	结构总体反应在弹性范围，基本无损伤	经简单修复可正常使用	可发生局部轻微损伤

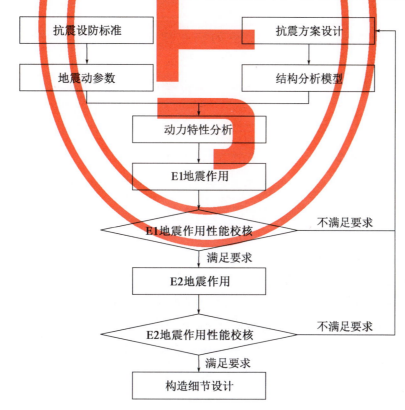

图 7.5.2　斜拉桥的抗震分析流程

3　斜拉桥的 E1 地震作用效应分析可采用反应谱法或线性时程法，E2 地震作用效应分析可采用非线性或线性时程法。各类分析方法应符合现行《公路工程抗震规范》（JTG B02）和《公路桥梁抗震设计规范》（JTG/T 2231-01）的规定。

4 斜拉桥的抗震性能检验应取基础、辅助墩、过渡墩、索塔以及支承连接装置等重点部位，验算准则应满足表 7.5.2-2 的规定，有特殊要求时应进行专题研究。

表 7.5.2-2 斜拉桥的抗震性能验算准则

结构部件	抗震设防水准	
	E1 地震作用	E2 地震作用
基础	按现行《公路桥涵地基与基础设计规范》（JTG 3363）进行基础的承载力计算	基础结构由地震组合产生的弯矩设计值小于截面等效抗弯屈服弯矩（考虑轴力），等效抗弯屈服弯矩按现行《公路桥梁抗震设计规范》（JTG/T 2231-01）的规定计算； 按现行《公路工程抗震规范》（JTG B02）和《公路桥涵地基与基础设计规范》（JTG 3363）进行地基的承载力计算
辅助墩、过渡墩	按现行《公路钢筋混凝土及预应力混凝土桥涵设计规范》（JTG 3362）和《公路钢结构桥梁设计规范》（JTG D64）进行承载力计算	按现行《公路工程抗震规范》（JTG B02）和《公路桥梁抗震设计规范》（JTG/T 2231-01）的规定，进行塑性变形能力和抗剪承载力计算
索塔		索塔截面由地震组合产生的弯矩设计值小于截面等效抗弯屈服弯矩（考虑轴力），等效抗弯屈服弯矩按现行《公路桥梁抗震设计规范》（JTG/T 2231-01）的规定计算
主梁、斜拉索	—	按本规范第 7.2.4 条的规定进行承载力计算
支承连接装置	—	按现行《公路工程抗震规范》（JTG B02）和《公路桥梁抗震设计规范》（JTG/T 2231-01）的规定，进行变形能力和抗剪承载力计算

条文说明

本条参照现行《公路工程抗震规范》（JTG B02）和《公路桥梁抗震设计规范》（JTG/T 2231-01），规定斜拉桥的抗震设计要求。

（1）在方案设计阶段，不能仅仅根据功能要求和静力分析就决定方案的取舍，而要综合考虑桥梁的抗震性能，尽可能选择良好的抗震结构体系。自 20 世纪 70 年代以来，人们在总结大地震灾害经验中发现，对于结构抗震设计来说，"概念设计（Conceptual Design）"比"计算设计（Numerical Design）"更为重要，由于地震动的不确定性和复杂性，再加上结构计算模型的假定与实际情况的差异，使得设计计算很难有效控制结构的抗震性能。在初步设计或技术设计阶段，需要对桥梁结构进行细致的地震反应分析及全面的抗震性能校核，必要时要进行减隔震设计。减隔震技术能增大结构主要振型的周期,使其落在地震能量较小的范围内,或增大结构的能量耗散,以达到减小结构地震反应的目的。大跨径桥梁本身是长周期结构,进行减隔震设计时,将重点放在提高吸收能量的能力从而增大阻尼和分散地震力上。此外,考虑到地震的随机性,还要重视抗震构造措施的采用。

(2) 国内已建的斜拉桥基本采用两水准的抗震设防方法,见表7-4。设防标准多为:E1地震作用采用100年超越概率10%,对应的重现期为950年,用以检算强度及应力;E2地震作用采用100年超越概率3%~5%,对应的重现期为1 950~3 283年,用以检算结构的延性性能、位移或变形。

在E2地震作用下,基础、辅助墩、过渡墩和索塔可局部开裂,地震后依靠结构重力,可自行恢复。

表7-4 国内部分斜拉桥的抗震设防标准

桥 名	设 防 标 准
苏通长江公路大桥	E1:100年10%,检验结构应力是否满足正常使用极限状态要求
	E2:100年4%,检验结构承载力是否满足承载能力极限状态要求(考虑延性),检验位移或变形
鄂东长江大桥	E1:100年10%,校核结构强度,主要结构接近或刚进入屈服
	E2:100年3%,校核结构位移,主要结构满足承载能力极限
荆岳大桥	E1:100年10%,验算结构强度和应力
	E2:100年5%,检验结构位移或变形
厦漳大桥北汊主桥	E1:100年10%,桥塔、辅助墩与边墩基本保持弹性
	E2:100年5%,桥塔、辅助墩与边墩验算等效屈服强度
上海长江大桥	E1:100年10%,桥塔和主梁以及桩基保持弹性,辅助墩与边墩基本保持弹性,支座保持正常工作
	E2:100年3%,桥塔基本保持弹性,梁及桩基保持弹性,辅助墩与边墩有足够的延性以满足变形要求,保证不倒塌,支座允许剪坏
万州长江大桥	E1:100年10%,结构在弹性范围内工作,基本不损伤
	E2:100年4%,结构局部可发生可修复的损伤,基本不影响车辆通行
金塘大桥	E1:100年10%,主要结构处于正常使用极限状态
	E2:100年5%,主要结构处于承载能力极限状态,校核位移、变形
嘉绍大桥	E1:100年10%,索塔校核裂缝;过渡墩、辅助墩按承载能力极限状态校核强度
	E2:100年3%,索塔按承载能力极限状态校核强度;过渡墩、辅助墩考虑延性,校核变形

(3) 斜拉桥的抗震薄弱部位为桥塔、辅助墩、过渡墩及其基础以及支承连接装置,这些部分是斜拉桥抗震设计的重点。斜拉桥震害也证明了这一点。如1999年中国台湾"9·21"大地震中,一座斜拉桥的索塔根部遭到破坏;1995年阪神大地震中,位于震区

的一座主跨485m的双层桥面斜拉桥边跨桥墩上的钢摇轴栓钉脱落。

7.5.3 斜拉桥的抗风计算应符合下列规定：

1 斜拉桥的空气动力稳定性应按现行《公路桥梁抗风设计规范》（JTG/T 3360-01）或采用其他有效计算方法进行分析，必要时进行风洞试验。

2 斜拉桥的空气动力稳定性应考虑主要体系转换过程。

3 斜拉索风振、风雨振计算应符合下列规定：

1）斜拉索横截面不能保证为圆截面时，应计算斜拉索的驰振临界风速。

2）斜拉索由两根以上平行索组成，且风向上下游索距在 $6D \sim 40D$（D 为上游索直径）范围内，下游索距尾流中心距离在 $2D \sim 4D$ 时，应考虑下游索的尾流驰振。

3）斜拉索外防护层为圆截面时，应计算斜拉索涡激共振的临界风速。

4）计算斜拉索风雨振时，风雨激振相关参数可按现行《公路桥梁抗风设计规范》（JTG/T 3360-01）取用或风洞试验确定。

条文说明

本条参照现行《公路桥梁抗风设计规范》（JTG/T 3360-01），规定斜拉桥的抗风设计要求。

（1）斜拉桥是柔性结构体系，有敏感的风动力稳定特性，在设计时要重视结构的风动力稳定问题。实际中，虽不是所有的斜拉桥都要求进行风动力稳定分析，但需根据斜拉桥的重要性、跨径大小、结构体系的刚度和桥址处的风速情况等来确定。设计时根据现行《公路桥梁抗风设计规范》（JTG/T 3360-01）有关条款计算斜拉桥结构临界风速，必要时通过风洞试验确定。

（2）斜拉桥施工阶段的抗风验算，需要考虑索塔浇筑完成且施工模板未拆除、裸塔、最大双悬臂状态和最大单悬臂状态等典型工况。索塔浇筑完成、施工模板尚未拆卸时，结构的挡风面积是最大的，该状态的静风荷载效应是最危险的，需对结构进行静力验算。裸塔是高耸结构，风荷载作用下存在驰振或涡激共振的可能，需要进行风稳定验算。主梁及斜拉索安装进行至边跨合龙前，主梁达到最大悬臂长度，在这种状态下，当索塔两侧有不平衡横向风力作用时，结构处于不利的受力状态，需要分为两种状态进行验算：结构承受横向风力的作用，按空间结构进行分析计算；结构承受因横向风力产生的、作用在索塔两侧主梁底不同的升举力，将此升举力作为静荷载考虑，结构体系按平面杆系进行计算。

（3）斜拉索的风致振动在斜拉桥中是普遍现象，国内外均有记载。斜拉索的风致振动虽然不会使斜拉索直接破坏，但会使索在索锚接合处引起疲劳破坏。由于斜拉索疲劳破坏而使全桥换索的报道已有多起，因此，在斜拉桥的设计中需要考虑斜拉索的风致振动。在斜拉索的风致振动方面，国内外有较多的研究，但多在振动机理和起因方面，再就是通过风洞试验提出减振措施。在目前的研究中，斜拉索的风致振动主要有涡激共振、尾流驰振、风雨振和参数共振等。由于斜拉索风振的复杂性，在研究报告中，对斜拉索风振现象的认识有共性，但对斜拉索风振致因本质的认识则不尽相同。因此，斜拉索的抗风设计参照现行《公路桥梁抗风设计规范》（JTG/T 3360-01）有关条款进行，必要时通过风洞试验确定。

（4）斜拉索风雨振是斜拉索风致振动中最强烈的一种振动。该振动现象由日本学者Hikami发现并于1988年首次报道，此后，国内外均发现了类似的斜拉索风雨振动，如上海杨浦大桥尾索在风雨作用下也发生过强烈振动，振幅超过1m。因此，在斜拉桥的设计中需要考虑斜拉索的风雨振动。由于斜拉索风雨振的原因复杂，至今其机理并未被探究清楚，目前仍处于研究探讨阶段。根据斜拉索风雨振的观测调查研究结果，发生斜拉索风雨振的前提条件主要有：风和雨共同作用，当水线出现后，斜拉索振动变得不稳定；产生风雨振的风速范围在6～20m/s；斜拉索振动频率在0.6～3.0Hz范围。依据这些观测调查研究成果，本条提出了斜拉索的风雨振设计的条件。一般根据风洞试验确定风雨激振相关参数指导设计。《斜拉桥设计阶段斜拉索雨振的估算》（《国外桥梁》2001年第2期）给出了斜拉索风雨振时最大振幅估算公式，供设计者参考。

$$\left(\omega_1 \frac{y}{v}\right)^2 = \frac{6}{\dfrac{d^3 C_y}{d^3 \beta}} \left(-\frac{dC_y}{d\beta} - \frac{2\xi m \omega_1}{\dfrac{1}{2}\rho v D}\right) \tag{7-6}$$

式中：v——风速（m/s）；

　　　m——斜拉索单位长度质量（kg/m）；

　　　ξ——阻尼比；

　　　ω_1——斜拉索自振圆频率（Hz）；

　　　ρ——空气质量密度（kg/m³）；

　　　D——斜拉索直径（m）；

　　　y——斜拉索振动的振幅（m）；

　　　β——风的相对攻角（°）；

　　　C_y——斜拉索在竖直方向上的风荷载系数，为相对攻角的函数。

7.5.4 斜拉桥防船撞设计宜按现行《公路桥梁抗撞设计规范》（JTG/T 3360-02）的要求执行。

条文说明

　　斜拉桥主墩、辅助墩等一般靠近通航孔，船舶失控、偏航、误航等撞击桥墩的概率明显大于其他非通航孔桥墩，鉴于跨航道桥的重要性和难以修复性以及通航区域船舶难以全部控制的特点，桥梁下部结构以自身抗撞能力为主，防撞、船舶监控等措施为辅。

8 设计对施工监控的要求

8.1 一般规定

8.1.1 斜拉桥施工中应进行施工监控。施工控制应以设计的施工流程为基础，根据实际施工方案和材料，进行施工过程模拟分析，形成各施工步骤的控制目标，使大桥施工完成后线形、内力符合设计要求。

条文说明

斜拉桥的特点之一是设计和施工密切相关，施工方法不同，不但影响安装时的结构应力，而且对建成后的桥梁的最终应力状态和几何线形也有很大影响。为确保成桥时实现桥梁的设计状态，需要进行施工监控。

施工监控包括控制和监测两方面工作内容，施工控制通过加力、调整安装位置等控制手段消除现场误差，使线形和内力符合设计要求；施工监测跟踪观测施工过程中的结构状态、环境参数，为施工控制提供依据。

8.1.2 施工监控应实测施工时的结构几何尺寸、重度、弹性模量等结构参数，并估算收缩、徐变；严格监测预加应力、斜拉索张拉力、结构变形等结构的受力状态；按照实测值进行跟踪计算分析，判别本阶段施工是否达到控制精度要求，确定后续施工所需控制措施，使成桥时尽可能接近设计成桥状态。

条文说明

斜拉桥施工工况多，容易造成误差累计。经过多年实践，设计人员已经认识到形成误差的原因是结构几何尺寸、重度、弹性模量等结构参数及混凝土收缩、徐变系数与理论计算值有差距。因此，要在成桥时达到设计状态，需要在施工过程中识别这些误差。识别误差有两种途径，一是直接测量这些参数，二是通过测量桥梁受力状态间接估算这些参数。参数误差被识别后及时调整以便更准确地预估后续施工过程，从而在成桥时尽量接近设计成桥状态。

8.2 基本要求

8.2.1 施工前应对施工过程进行计算模拟，得到索力及线形等指标的计算值，并与设计计算值核对。

条文说明

施工图设计时确定的施工过程一般较为粗略，与实际施工时的具体步骤有一定差距。施工监控开始前要根据设计施工流程及成桥目标，将施工过程拆分成具体步骤，进行模拟计算，从而得到每个施工工况应达到的线形及内力目标。

8.2.2 施工过程中应根据计算结果对应力和线形两个指标实行双控，宜以控制主梁、索塔截面应力和索力满足设计要求为目标，对主梁线形和索塔变位进行控制。

条文说明

本条提出了施工控制的基本要求，包括两个主要方面：
（1）各控制构件的应力满足设计要求。
（2）斜拉桥施工完成后，线形符合设计要求。
斜拉桥是高次超静定结构，只有在实际参数与设计参数完全相同时，应力和线形能同时达到设计要求。实际施工中，应力和主梁线形很难同时达到精度要求。施工前可根据规范规定或经验确定影响斜拉桥施工状态相关参数（如结构自重、混凝土弹性模量、构件刚度等），建立模型对施工过程进行模拟分析，获得初始控制数据；施工过程中利用现场监测数据，分析确定这些相关参数的实际值，重新模拟施工过程，当理论分析和实测结果趋于一致时，该模型才能准确地控制后续施工过程，实现双控。

8.2.3 施工监测应包括索塔施工线形，节段安装前后主梁高程、纵向位移、索塔变位、索力大小、结构控制截面的应力、基础沉降等主要内容。

条文说明

随着大跨径斜拉桥的发展，索塔的预偏、预抬高、沉降成为影响全桥线形的明显因素，因此本次修订增加了对索塔的监测要求。

8.2.4 施工中应监测日照温差对主梁和主塔线形的影响，掌握温度影响规律，有效修正温度的影响。

条文说明

多年的实践证明，只监测几个截面的温度场无法推测温度对结构线形的影响。因此，目前施工中对温度的监测逐渐转变为直接监测日照温差对结构线形的影响。

8.3 控制精度

8.3.1 桥梁在成桥时的线形控制标准应符合设计规定。设计无规定时，实测线形与控制目标线形的偏差应满足下列精度要求：

1 桥面铺装前主梁顶面高程允许偏差 $\pm L/5\,000$，L 为跨径。主梁相邻节段相对高程误差应不大于节段长度的 $\pm 0.3\%$。

2 索塔轴线平面误差应控制在 $H/3\,000$ 以内且不大于 30mm，H 为承台以上塔高。

8.3.2 斜拉桥成桥后的实测索力与理论计算索力差值的控制标准宜为 $\pm 5\%$，钢绞线斜拉索索内各钢绞线拉力差值控制标准宜为 $-2\% \sim 8\%$。

8.3.3 混凝土主梁恒载重力与理论计算值的误差不应大于 2%，钢主梁节段重力与理论计算值的误差不应大于 1%。

条文说明

本条增加了预制梁的重力控制要求，有条件时需要对预制节段称重。

9 养护条件设计

9.1 一般规定

9.1.1 在斜拉桥施工图设计中应考虑运营期间的养护检修需求,并应提出后期养护重点。

条文说明

过去的一些斜拉桥施工图设计曾经对养护检查要求考虑不周,例如:
(1) 缺乏检查设备,检查梁困难;
(2) 无法检查斜拉索锚固部位;
(3) 斜拉索的聚乙烯(PE)防护开裂无法检查;
(4) 更换支座时无安置千斤顶的位置。
因此,在设计中需要考虑养护、检修要求。

9.1.2 设计中应设定养护工况,考虑养护设施及养护人员的重力荷载以及养护中结构重力的变化,进行养护工况的验算。

条文说明

设计计算中需要计入养护荷载,例如检查设施和养护检查人员等重力荷载,也要考虑后期养护时车辆在半幅行驶、另半幅养护施工情况。

9.1.3 应预留出斜拉桥结构与部件养护或更换作业的工作空间。

9.2 养护及更换条件设计

9.2.1 依据主梁的不同结构形式及跨越障碍的环境条件,应沿主梁设置检修通道。

9.2.2 索塔采用空心塔时,索塔内宜设置养护及检修等用的电梯、爬梯和工作平台等,并配备照明及防火设备。

9.2.3 索塔上应预留用于斜拉索检修、更换相应设施的预埋构件。

9.2.4 应设置防雷系统、导航灯标、航空障碍标志灯的检修通道和工作平台。

9.2.5 应设置支座、伸缩缝、阻尼器等可更换部件的检修通道及工作平台。

9.2.6 检修通道及工作平台应设置安全护栏。

9.2.7 设计中应提出斜拉索换索的原则和程序。

9.2.8 养护检修设施的耐久性设计应包括下列内容：
1 不可更换的养护检修设施应与桥梁主体结构同寿命，可更换的养护检修设施应确定其使用年限。
2 提出养护检修设施的耐久性技术方案和措施。
3 提出养护检修设施的检修及维护要求。

本规范用词用语说明

1 本规范执行严格程度的用词,采用下列写法:

1)表示很严格,非这样做不可的用词,正面词采用"必须",反面词采用"严禁";

2)表示严格,在正常情况下均应这样做的用词,正面词采用"应",反面词采用"不应"或"不得";

3)表示允许稍有选择,在条件许可时首先应这样做的用词,正面词采用"宜",反面词采用"不宜";

4)表示有选择,在一定条件下可以这样做的用词,采用"可"。

2 引用标准的用语采用下列写法:

1)在标准总则中表述与相关标准的关系时,采用"除应符合本规范的规定外,尚应符合国家和行业现行有关标准的规定";

2)在标准条文及其他规定中,当引用的标准为国家标准和行业标准时,表述为"应符《××××××》(×××)的有关规定";

3)当引用本规范中的其他规定时,表述为"应符合本规范第×章的有关规定"、"应符合本规范第×.×节的有关规定"、"应符合本规范第×.×.×条的有关规定"或"应按本规范第×.×.×条的有关规定执行"。

公路工程现行标准规范一览表

(2020年5月)

序号	类别	编号	书名(书号)	定价(元)
1	基础	JTG 1001—2017	公路工程标准体系(14300)	20.00
2		JTG A02—2013	公路工程行业标准制修订管理导则(10544)	15.00
3		JTG A04—2013	公路工程标准编写导则(10538)	20.00
4		JTG B01—2014	公路工程技术标准(活页夹版,11814)	98.00
5		JTG B01—2014	公路工程技术标准(平装版,11829)	68.00
6		JTG 2111—2019	小交通量农村公路工程技术标准(15372)	50.00
7		JTG B02—2013	公路工程抗震规范(11120)	45.00
8		JTG/T B02-01—2008	公路桥梁抗震设计细则(13318)	45.00
9		JTG 2232—2019	公路隧道抗震设计规范(16131)	60.00
10		JTG B03—2006	公路建设项目环境影响评价规范(13373)	40.00
11		JTG B04—2010	公路环境保护设计规范(08473)	28.00
12		JTG B05—2015	公路项目安全性评价规范(12806)	45.00
13		JTG B05-01—2013	公路护栏安全性能评价标准(10992)	30.00
14		JTG/T 2340—2020	公路工程节能规范(16115)	30.00
15		JTG/T 3310—2019	公路工程混凝土结构耐久性设计规范(15635)	50.00
16		JTG/T 6303.1—2017	收费公路移动支付技术规范 第一册 停车移动支付(14380)	20.00
17		JTG B10-01—2014	公路电子不停车收费联网运营和服务规范(11566)	30.00
18	勘测	JTG C10—2007	公路勘测规范(06570)	40.00
19		JTG/T C10—2007	公路勘测细则(06572)	42.00
20		JTG C20—2011	公路工程地质勘察规范(09507)	65.00
21		JTG/T C21-01—2005	公路工程地质遥感勘察规范(0839)	17.00
22		JTG/T C21-02—2014	公路工程卫星图像测绘技术规程(11540)	25.00
23		JTG/T C22—2009	公路工程物探规程(1311)	28.00
24		JTG C30—2015	公路工程水文勘测设计规范(12063)	70.00
25	设计 公路	JTG D20—2017	公路路线设计规范(14301)	80.00
26		JTG/T D21—2014	公路立体交叉设计细则(11761)	60.00
27		JTG D30—2015	公路路基设计规范(12147)	98.00
28		JTG/T D31—2008	沙漠地区公路设计与施工指南(1206)	32.00
29		JTG/T D31-02—2013	公路软土地基路堤设计与施工技术细则(10449)	40.00
30		JTG/T D31-03—2011	采空区公路设计与施工技术细则(09181)	40.00
31		JTG/T D31-04—2012	多年冻土地区公路设计与施工技术细则(10260)	40.00
32		JTG/T D31-05—2017	黄土地区公路路基设计与施工技术规范(13994)	50.00
33		JTG/T D31-06—2017	季节性冻土地区公路设计与施工技术规范(13981)	45.00
34		JTG/T D32—2012	公路土工合成材料应用技术规范(09908)	50.00
35		JTG/T 3334—2018	公路滑坡防治设计规范(15178)	55.00
36		JTG D40—2011	公路水泥混凝土路面设计规范(09463)	40.00
37		JTG D50—2017	公路沥青路面设计规范(13760)	50.00
38		JTG/T D33—2012	公路排水设计规范(10337)	40.00
39	设计 桥隧	JTG D60—2015	公路桥涵设计通用规范(12506)	40.00
40		JTG/T 3360-01—2018	公路桥梁抗风设计规范(15231)	75.00
41		JTG/T 3360-02—2020	公路桥梁抗撞设计规范(16435)	40.00
42		JTG/T 3360-03—2018	公路桥梁景观设计规范(14540)	40.00
43		JTG D61—2005	公路圬工桥涵设计规范(13355)	30.00
44		JTG 3362—2018	公路钢筋混凝土及预应力混凝土桥涵设计规范(14951)	90.00
45		JTG 3363—2019	公路桥涵地基与基础设计规范(16223)	90.00
46		JTG D64—2015	公路钢结构桥梁设计规范(12507)	80.00
47		JTG D64-01—2015	公路钢混组合桥梁设计与施工规范(12682)	45.00
48		JTG/T 3364-02—2019	公路钢桥面铺装设计与施工技术规范(15637)	50.00
49		JTG/T 3365-01—2020	公路斜拉桥设计规范(16365)	50.00
50		JTG/T D65-04—2007	公路涵洞设计细则(06628)	26.00
51		JTG/T D65-05—2015	公路悬索桥设计规范(12674)	55.00
52		JTG/T D65-06—2015	公路钢管混凝土拱桥设计规范(12514)	40.00
53		JTG 3370.1—2018	公路隧道设计规范 第一册 土建工程(14639)	110.00
54		JTG/T D70—2010	公路隧道设计细则(08478)	66.00
55		JTG D70/2—2014	公路隧道设计规范 第二册 交通工程与附属设施(11543)	50.00
56		JTG/T D70/2-01—2014	公路隧道照明设计细则(11541)	35.00
57		JTG/T D70/2-02—2014	公路隧道通风设计细则(11546)	70.00
58		JTG/T 3374—2020	公路瓦斯隧道设计与施工技术规范(16141)	60.00
59	交通工程	JTG D80—2006	高速公路交通工程及沿线设施设计通用规范(0998)	25.00
60		JTG D81—2017	公路交通安全设施设计规范(14395)	60.00

续上表

序号	类别		编号	书名(书号)	定价(元)
61	设计	交通工程	JTG/T D81—2017	公路交通安全设施设计细则(14396)	90.00
62			JTG D82—2009	公路交通标志和标线设置规范(07947)	116.00
63		综合	交办公路〔2017〕167号	国家公路网交通标志调整工作技术指南(14379)	80.00
64			交公路发〔2007〕358号	公路工程基本建设项目设计文件编制办法(06746)	26.00
65			交公路发〔2015〕69号	公路工程特殊结构桥梁项目设计文件编制办法(12455)	30.00
66	检测		JTG E20—2011	公路工程沥青及沥青混合料试验规程(09468)	106.00
67			JTG E30—2005	公路工程水泥及水泥混凝土试验规程(13319)	55.00
68			JTG E40—2007	公路土工试验规程(06794)	90.00
69			JTG E41—2005	公路工程岩石试验规程(13351)	30.00
70			JTG E42—2005	公路工程集料试验规程(13353)	50.00
71			JTG E50—2006	公路工程土工合成材料试验规程(13398)	40.00
72			JTG E51—2009	公路工程无机结合料稳定材料试验规程(08046)	60.00
73			JTG 3450—2019	公路路基路面现场测试规程(15830)	90.00
74			JTG/T E61—2014	公路路面技术状况自动化检测规程(11830)	25.00
75	施工	公路	JTG/T 3610—2019	公路路基施工技术规范(15769)	80.00
76			JTG/T F20—2015	公路路面基层施工技术细则(12367)	45.00
77			JTG/T F30—2014	公路水泥混凝土路面施工技术细则(11244)	60.00
78			JTG/T F31—2014	公路水泥混凝土路面再生利用技术细则(11360)	30.00
79			JTG F40—2004	公路沥青路面施工技术规范(05328)	50.00
80			JTG/T 5521—2019	公路沥青路面再生技术规范(15839)	60.00
81		桥隧	JTG/T F50—2011	公路桥涵施工技术规范(09224)	110.00
82			JTG/T 3650-02—2019	特大跨径公路桥梁施工测量规范(15634)	80.00
83			JTG/T F81-01—2004	公路工程基桩动测技术规程(14068)	30.00
84			JTG/T 3660—2020	公路隧道施工技术规范(16488)	100.00
85		交通	JTG F71—2006	公路交通安全设施施工技术规范(13397)	30.00
86			JTG/T F72—2011	公路隧道交通工程与附属设施施工技术规范(09509)	35.00
87	质检安全		JTG F80/1—2017	公路工程质量检验评定标准 第一册 土建工程(14472)	90.00
88			JTG F80/2—2004	公路工程质量检验评定标准 第二册 机电工程(05325)	40.00
89			JTG G10—2016	公路工程施工监理规范(13275)	40.00
90			JTG F90—2015	公路工程施工安全技术规范(12138)	68.00
91	养护管理		JTG H10—2009	公路养护技术规范(08071)	60.00
92			JTJ 073.1—2001	公路水泥混凝土路面养护技术规范(13658)	20.00
93			JTG H11—2004	公路桥涵养护规范(05025)	40.00
94			JTG H12—2015	公路隧道养护技术规范(12062)	60.00
95			JTG 5142—2019	公路沥青路面养护技术规范(15612)	60.00
96			JTG/T 5190—2019	农村公路养护技术规范(15430)	30.00
97			JTG 5210—2018	公路技术状况评定标准(15202)	40.00
98			JTG 5421—2018	公路沥青路面养护设计规范(15201)	40.00
99			JTG/T H21—2011	公路桥梁技术状况评定标准(09324)	46.00
100			JTG H30—2015	公路养护安全作业规程(12234)	90.00
101			JTG/T 5640—2020	农村公路养护预算编制办法(16302)	70.00
102	加固设计与施工		JTG/T J21—2011	公路桥梁承载能力检测评定规程(09480)	20.00
103			JTG/T J21-01—2015	公路桥梁荷载试验规程(12751)	40.00
104			JTG/T J22—2008	公路桥梁加固设计规范(07380)	52.00
105			JTG/T J23—2008	公路桥梁加固施工技术规范(07378)	40.00
106			JTG/T 5440—2018	公路隧道加固技术规范	70.00
107	改扩建		JTG/T L11—2014	高速公路改扩建设计细则(11998)	45.00
108			JTG/T L80—2014	高速公路改扩建交通工程及沿线设施设计细则(11999)	30.00
109	造价		JTG 3810—2017	公路工程建设项目造价文件管理导则(14473)	50.00
110			JTG 3820—2018	公路工程建设项目投资估算编制办法(14362)	60.00
111			JTG/T 3821—2018	公路工程估算指标(14363)	120.00
112			JTG 3830—2018	公路工程建设项目概算预算编制办法(14364)	60.00
113			JTG/T 3831—2018	公路工程概算定额(14365)	270.00
114			JTG/T 3832—2018	公路工程预算定额(14366)	300.00
115			JTG/T 3833—2018	公路工程机械台班费用定额(14367)	50.00
116			JTG/T M72-01—2017	公路隧道养护工程预算定额(14189)	60.00

注:JTG——公路工程行业标准体系;JTG/T——公路工程行业推荐性标准体系。批发业务电话:010-59757973;零售业务电话:010-85285659(北京);网上书店电话:010-59757908;业务咨询电话:010-85285922,85285930。